管理会计数字化发展的理论与实务

吴 羽 ◎ 著

哈尔滨出版社
HARBIN PUBLISHING HOUSE

图书在版编目（CIP）数据

管理会计数字化发展的理论与实务／吴羽著.

哈尔滨：哈尔滨出版社，2025. 1. -- ISBN 978-7-5484-
8124-9

Ⅰ. F234.3

中国国家版本馆 CIP 数据核字第 2024RP6052 号

书　　名：**管理会计数字化发展的理论与实务**
GUANLI KUAIJI SHUZIHUA FAZHAN DE LILUN YU SHIWU

作　　者：吴　羽　著
责任编辑：王利利

出版发行：哈尔滨出版社（Harbin Publishing House）

社　　址：哈尔滨市香坊区泰山路 82-9 号　邮编：150090

经　　销：全国新华书店

印　　刷：北京虎彩文化传播有限公司

网　　址：www.hrbcbs.com

E - mail：hrbcbs@ yeah.net

编辑版权热线：（0451）87900271　87900272

销售热线：（0451）87900202　87900203

开　　本：787mm×1092mm　1/16　印张：11.75　字数：224 千字

版　　次：2025 年 1 月第 1 版

印　　次：2025 年 1 月第 1 次印刷

书　　号：ISBN 978-7-5484-8124-9

定　　价：58.00 元

凡购本社图书发现印装错误，请与本社印制部联系调换。

服务热线：（0451）87900279

前　　言

在数字化浪潮席卷全球的今天,管理会计作为企业管理的重要分支,正面临着前所未有的变革与挑战。数字化技术的迅猛发展,为管理会计提供了全新的工具和手段,使其能够更加高效、精准地服务于企业的战略决策和运营管理。本文旨在探讨管理会计数字化发展的理论与实务,以期为相关领域的研究和实践提供有益的参考和借鉴。管理会计数字化不仅是技术层面的革新,更是管理理念的升级。传统的管理会计主要依赖于手工操作和纸质记录,信息的处理和分析效率低下,难以满足现代企业对于快速、准确决策的需求。而数字化技术的应用,如大数据、云计算、人工智能等,使得管理会计能够实现对海量数据的实时收集、处理和分析,为企业的决策提供更为全面、深入的数据支持。在数字化背景下,管理会计的功能和角色也发生了显著的变化,它不再仅仅是企业内部的"账房先生",而是成为了企业战略决策的重要参与者和推动者,通过数字化手段,管理会计能够更加深入地洞察市场趋势、客户需求和竞争态势,为企业制定和调整战略提供有力的数据支撑。而且,数字化管理会计还能够实时监控企业的运营状况,及时发现和解决问题,确保企业战略的有效实施。但同时这也对企业内部的组织架构和人员配置提出了新的要求,企业需要建立适应数字化发展的管理会计体系,培养具备数字化技能和思维的管理会计人才,这些人才不仅要掌握传统的会计知识和技能,还需要具备数据分析、数据挖掘等数字化技能,以及敏锐的市场洞察力和创新能力。从实务层面来看,管理会计数字化的发展已经在企业中得到了广泛的应用。许多先进的企业已经建立了完善的数字化管理会计系统,实现了对财务、业务等各个方面数据的实时收集和分析。这些系统不仅提高了企业的决策效率和运营管理水平,还为企业带来了显著的经济效益和市场竞争力。

本书一共分为八个章节,主要以管理会计数字化发展的理论与实务为研究基点,通过本书的介绍让读者对管理会计数字化发展的理论与实务有更加清晰的了解,进一步摸清当前管理会计数字化的发展脉络,为管理会计数字化发展的理论与实务研究提供更加广阔的用武空间。在这样的一个背景下,管理会计数字化发展的理论与实务研究仍然有许多空白需要填补,需要在已有的基础上进一步深入地开展研究工作,以适应不断发展的新形势。

目　　录

第一章　管理会计概述

第一节　管理会计的产生与发展

一、西方管理会计的形成与发展

(一)成本决策与财务控制阶段

1. 管理会计的诞生背景

管理会计的诞生与发展是一个历经多个阶段、伴随着工业化和现代化企业管理的复杂过程。从 20 世纪初的萌芽到逐步形成一门独立的学科,管理会计在实践中不断演变和完善,为企业提供了重要的决策支持和成本控制手段。20 世纪初,随着工业革命的深入推进,生产专业化和社会化程度显著提高。企业面临的市场竞争日益激烈,单纯依靠增加产量已难以维持持续的竞争优势。在这样的背景下,企业开始意识到成本控制和管理效率的重要性。成本的高低直接影响到企业的盈利能力和市场竞争力,因此,如何有效地控制成本、提高资源利用效率成为企业迫切需要解决的问题。同时,科学管理的理念逐渐兴起,以泰罗为代表的科学管理学派提出了以提高劳动生产率、标准化生产和专业化管理为核心的管理方法。这些方法强调通过精确测量和分析工作过程中的每一个环节,找出提高效率的途径。在这种思想的指导下,"标准成本控制""预算控制"和"差异分析"等管理方法被引入企业内部的会计实务中,为管理会计的形成奠定了基础。

2. 管理会计的发展历程

管理会计的发展历程中,几部重要的著作起到了里程碑式的作用。1922年,美国的会计工作者麦金西出版了第一部系统论述预算控制的专著《预算控制论》,这标志着预算控制作为一种重要的管理会计工具开始受到广泛关注和应用。同年,奎因斯坦出版的《管理会计:财务管理入门》首次以管理会计命名,为这门学科的正式确立奠定了基础。此后,麦金西和布利斯等人相继出版了多本管理会计方面的书籍,进一步推动了管理会计理论和实践的发展。这些著作不仅系统地阐述了管理会计的基本概念、原则和方法,还结合企业实践案例进行了深入的分析和探讨。它们为企业提供了一套完整的成本控制和业绩评价体系,帮助企业更加科学、合理地进行决策和资源配置。这些书籍的出版和传播标志着管理会计作为一门独立学科的正式形成。

3. 管理会计在企业实践中的重要作用

管理会计在企业实践中发挥着至关重要的作用,它为企业提供了全面的成本控制手段。通过标准成本控制、预算控制等方法,企业可以更加精确地掌握生产过程中的成本信息,及时发现和解决成本超支问题,从而有效地降低成本、提高盈利能力。而且,通过差异分析等方法,企业可以对不同方案的成本效益进行精确的比较和评估,选择最优的决策方案。同时,管理会计还可以提供关于市场需求、竞争对手和产品价格等方面的信息,帮助企业制定更加合理的市场战略和产品策略。并且,通过业绩评价等方法,企业可以对各部门和员工的绩效进行客观、公正的评价和奖惩,激励员工积极工作、提高效率。同时,管理会计还可以帮助企业优化资源配置,将有限的资源投入到最具盈利潜力的项目和业务中,实现企业的可持续发展。

(二)管理控制与决策阶段

1. 管理会计与数字化技术方法的融合

随着信息经济学、交易成本理论和不确定性理论被广泛引入管理会计领域,以及电子计算机等新技术在企业流程管理中的大量应用,管理会计开始向着更为精密的数字化技术方法方向发展。这一转变在 20 世纪 50 年代至 60 年代初尤为明显,当时西方管理会计的核心任务主要集中于如何降低成本、提高经济效益这两大目标上。在这一时期,企业为了更加精确地控制成本和提高效益,采用了一系列的管理会计方法。预算编制成为企业规划和控制经济活动的重要手段,通过预算的编制和执行,企业能够更加合理地分配资源,确保各项经济活动的顺利进行。责任会计制度则将责任、权利和利益相结合,使企业的每个部门和员工都明确自己的责任和目标,从而提高了整个企业的管理效率和经济效益。成本差异分析、机会成本、业绩评价以及内部转移价格等方法的应用,也为企业提供了更加全面和深入的成本控制和业绩评价手段。与此同时,西方的一些管理会计学者还为上述方法建立了数学分析模型,使得这些方法的应用更加科学化和精确化。电子计算机等新技术的广泛应用不仅提高了数据处理的速度和准确性,还为管理会计方法的实施提供了更加便捷和高效的工具。

2. 管理会计在数学模型与新技术应用中的深化

20 世纪 60 年代中后期，随着电子计算机等新技术在制造业的广泛应用，生产数量与效率得到了大规模的提高，市场竞争也日趋激烈。这种变化对企业内部的管理与控制提出了更高的要求，也推动了管理会计的进一步发展。在这一时期，大量的会计软件得到了开发和使用，为企业提供了更加便捷和高效的数据处理和分析工具。西方国家的管理会计学者开始将 20 世纪 60 年代建立发展起来的数学模型不断加以深化和完善，建立起了更多的数学分析模型来应对复杂多变的市场环境和企业内部管理需求。这些数学模型的应用不仅提高了管理会计的决策支持能力，还使得企业能够更加精确地预测和控制成本、优化资源配置、提高经济效益。同时，新技术如电子计算机的应用也使得这些数学模型在实际操作中更加便捷和高效，为企业的管理决策提供了更加及时和准确的信息支持。

3. 管理会计在相关学科引入与知识体系创新中的发展

自 20 世纪 70 年代至 80 年代初开始，西方会计学者开始将信息经济学、组织行为学、代理人理论等相关学科引入管理会计的研究中。这些学科的引入为管理会计提供了新的研究视角和方法论支持，使得管理会计的研究与应用领域进一步拓宽。在这一时期，管理会计不再仅仅局限于成本计算、标准成本制度以及预算控制等传统领域，而是开始向着管理控制与决策阶段发展。企业开始更加注重对市场需求、竞争对手以及产品价格等信息的收集和分析，以便更加科学地制定市场战略和产品策略。而且，企业也开始更加关注内部流程的优化和改进以及员工绩效的评价和激励等方面的问题。然而，进入 20 世纪 80 年代中期后，现代管理会计开始遭遇各种各样的问题。西方会计界开始对管理会计的理论与实践进行反思，并着手对原有传统管理会计的知识体系进行一些尝试性的创新与变革。在这一过程中，管理会计学者对新的企业经营环境下管理会计的发展进行了深入的探索和研究，创新的管理会计方法层出不穷。这些创新的方法包括作业成本法、战略管理会计、环境管理会计等，它们为企业提供了更加全面和深入的管理控制和决策支持手段。同时，这些创新的方法也使得管理会计的知识体系更加完善和科学，为企业的持续发展提供了有力的保障。

（三）强调企业价值创造阶段

1. 宏观性的决策工具和管理工具的发展

随着信息技术的飞速发展，大数据、云计算等先进技术为企业提供了海量的数据和强大的计算能力。这些技术的应用,使得企业能够从宏观层面对市场、客户、竞争对手等进行全面的分析,从而为决策提供更加准确、及时的信息支持。例如,阿里巴巴的阿里云通过云计算技术,可以对客户的所有信息进行深度挖掘和分析,进而判断客户的信用状况、消费倾向、供货能力等,为企业是否放贷、如何定价、选择合作伙伴等提供重要依据。这种宏观性的决策工具和管理工具的发展,不仅提高了企业决策的科学性和准确性,也为企业提供了更广阔的市场视野和更深入的洞察能力。通过这些工具,企业可以更加准确地把握市场趋势和客户需求,及时调整经营策略和产品定位,从而在激烈的市场竞争中占据有利地位。

2. 精细化的决策工具和管理工具的应用

与宏观性的决策工具和管理工具相对应的是精细化的决策工具和管理工具。这些工具主要应用于企业内部管理,通过精细化的管理手段和方法,提高企业内部的运营效率和管理水平。例如,平衡计分卡就是一种典型的精细化管理工具。它将企业的战略目标逐层分解,转化为具体的、可衡量的指标和目标值,从而克服了信息的庞杂性和不对称性的干扰。通过平衡计分卡的应用,企业可以更加清晰地了解各部门、各岗位的职责和目标,实现企业内部资源的优化配置和协同作战。而且,精细化的决策工具和管理工具还包括作业成本法、标准成本法、全面预算管理等。这些工具的应用使得企业能够更加精确地控制成本、提高产品质量、优化生产流程等,从而提升企业的核心竞争力和市场地位。

3. 管理会计新工具的挑战与机遇

在经济全球化和知识经济的浪潮下,管理会计作为企业管理的重要分支,正面临着前所未有的挑战与机遇。生产要素的跨国、跨地区流动不断加速,世界各国经济的相互依存度日益加深,技术进步导致产品生命周期不断缩短,企业间的分工合作日趋频繁。在这样的背景下,管理会计的角色和定位正在发生深刻的变化,需要从战略、经营决策、商业运营等多个层面掌握并有效利用所需的管理信息。为此,管理会计发展了一系列新的决策工具和管理工具,以应对外部信息和非财务信息对决策相关性的冲击,并在企业内部组织结构的变化中寻求新的突破。而新工具的应用需要大量的数据和信息技术支持,这对企业的信息化水平和数据分析能力提出了更高的要求。并且,新工具的应用需要企业内部各部门的紧密配合和协同作战,这对企业的组织结构和文化氛围提出了新的挑战。而且,新工具的应用需要企业具备创新意识和变革精神,勇于尝试新的管理模式和方法。然而,正是这些挑战为企业带来了新的机遇。通过应对挑战、克服困难,企业可以不断提升自身的信息化水平、组织能力和创新能力,从而在新一轮的市场竞争中占据更加有利的位置。同时,管理会计新工具的应用也为企业提供了更加广阔的视野和更加深入的洞察能力,使得企业能够更加准确地把握市场机遇和客户需求,实现可持续发展。

二、管理会计在我国的发展

1. 管理会计的引进与初期发展

自1978年改革开放以来,我国经历了从计划经济向市场经济的深刻转型。这一历史性变革不仅重塑了国家的经济面貌,也对企业的管理方式产生了深远影响。管理会计作为企业管理的重要组成部分,其在我国的发展与应用,紧密地伴随着这一历史进程。20世纪80年代初,随着我国对外开放的大门逐渐打开,西方先进的管理理论和方法开始被引入国内。管理会计作为其中的重要分支,很快引起了我国会计学界和企业界的关注。这一时期,国内出现了大量翻译和介绍西方管理会计理论的著作和文章,为我国企业了解和学习管理会计提供了宝贵的资源。在理论引进的同时,我国也开始在实践中探索管理会计的应用。计划经济时期,虽然企业没有自主经营权,但内部责任会计的雏形已经出现。成本计划及其完成情况成为考核国营企业的重要手段,这实际上是管理会计在成本控制方面的初步应用。改革开放后,随着企业逐渐成为独立的经济实体,管理会计的决策性功能开始凸显。企业不再仅仅关注生产过程中的成本控制,而是将目光转向市场,关注如何通过优化内部管理来提高市场竞争力。这一时期,责任会计、厂内经济核算制等管理会计工具得到了广泛应用和发展。

2. 管理会计的深化与拓展

进入20世纪90年代后,随着社会主义市场经济体制的确立和逐步完善,企业在市场竞争中的主体地位日益明确。为了在激烈的市场竞争中立于不败之地,企业必须依靠质量、成本以及管理方面的优势。这使得管理会计在企业管理中的作用越来越重要。这一时期,西方管理会计的理论和方法在我国得到了更广泛的传播和应用。成本性态分析、盈亏临界点与本-量-利依存关系、经营决策经济效益的分析评价等管理会计理念和方法,被越来越多的企业所接受并应用于实践中。这些工具和方法的应用不仅提高了企业的管理水平和决策效率,也为企业带来了实实在在的经济效益。而且,管理会计的应用领域也逐渐拓展到行政事业单位。在财政财务管理中,管理会计的理念和方法被广泛应用于预算编制、预算执行控制、绩效评价等各个环节。通过管理会计的应用,行政事业单位的财政财务管理水平和资金使用效益得到了显著提高。

3. 管理会计的创新发展

进入 21 世纪以来,随着经济全球化和互联网技术的快速发展,企业的经营环境和管理模式都发生了深刻变化。在这种背景下,管理会计也面临着新的挑战和机遇。一方面,经济全球化和市场竞争的加剧要求企业必须具备更强的市场适应能力和创新能力。这就要求管理会计不仅要关注企业内部的成本控制和效率提升,还要关注市场动态和客户需求,为企业的战略决策提供有力支持。另一方面,互联网技术的发展为管理会计提供了新的工具和方法。例如,大数据和云计算等技术的应用,使得企业能够实时收集和处理大量数据,为管理决策提供更加准确和及时的信息支持。

第二节　管理会计的概念与地位

一、管理会计的一般概念

(一)管理会计的核心目的,强化经营管理与实现经济效益

管理会计的首要任务是服务于企业的内部管理需要。它通过收集、整理、分析和报告财务信息,以及与经营决策相关的非财务信息,为企业管理者提供全面、准确、及时的数据支持。这些数据不仅反映了企业过去的经营成果,更重要的是揭示了企业未来的发展趋势和潜在风险。基于这些信息,管理者能够做出更加明智的决策,进而优化资源配置,提高经营效率,最终实现企业的经济效益最大化。在强化经营管理方面,管理会计通过预算编制、成本控制、业绩评价等手段,确保企业各项经营活动按照既定的目标和计划进行。它关注实际业绩与预算之间的差异,及时发现问题并提出改进措施,从而确保企业资源的有效利用和浪费的最小化。同时,管理会计还通过责任会计制度,将经营目标分解到各个部门和岗位,明确责任和权利,激发员工的积极性和创造力,形成全员参与经营管理的良好氛围。

(二)管理会计的对象与职能,以经营活动为中心的多维度分析

管理会计以现代企业的经营活动为对象,这决定了其职能的广泛性和深入性。它不仅要关注企业的财务状况和经营成果,还要深入分析影响这些成果的各种因素,包括市场需求、竞争状况、技术创新、政策法规等。通过对这些因素的全面了解和深入分析,管理会计能够帮助企业把握市场机遇和挑战,制

定更加符合实际的发展战略和经营计划。在职能方面,管理会计涵盖了预测、决策、规划、控制和考核评价等多个方面。预测职能是指管理会计利用历史数据和数学模型对未来市场趋势和企业发展进行预测和分析。决策职能则是指在多个可行方案中选择最优方案的过程,管理会计通过提供决策相关信息和建议,帮助管理者做出科学决策。规划职能是指管理会计通过预算编制等手段,将企业战略转化为具体的经营计划和行动方案。控制职能则是指在经营过程中对各种偏差进行监控和纠正的过程,确保企业按照既定目标前进。而且,考核评价职能是指管理会计通过定期报告和分析实际业绩与预算之间的差异,对各部门和员工的绩效进行评价和奖惩。

(三)管理会计与财务会计的关系:相互补充与共同发展

虽然管理会计与财务会计在企业会计系统中是相对立的概念,但它们之间并不是完全独立的。相反,它们之间存在着密切的联系和相互补充的关系。财务会计为管理会计提供了基础数据和信息来源。管理会计通过对这些数据的进一步加工和分析,提取出对内部管理有用的信息。而且管理会计的决策和建议往往需要以财务会计的报告为基础进行验证和说明。最后,随着企业内外部环境的变化和信息技术的发展,财务会计与管理会计之间的界限逐渐模糊化,两者之间的融合趋势日益明显。

二、管理会计的地位

(一)决策支持

1. 财务信息在决策中的基础性作用

财务信息是管理会计决策支持体系的基石。通过资产负债表、利润表、现金流量表等财务报表,管理者能够清晰地了解企业的财务状况、经营成果和现金流量情况。这些信息为评估企业当前和未来的经济能力、偿债能力以及盈利能力提供了重要依据。在决策过程中,财务信息有助于管理者量化不同方案的财务影响。例如,在投资决策中,通过比较不同投资项目的预期收益率、回收期、风险等指标,管理者能够选择最符合企业战略目标和财务约束的投资项目。同样,在融资决策中,财务信息也能够帮助管理者确定最佳的融资方式、规模和结构,以最低的成本获取所需的资金。

2. 非财务信息的补充与增强作用

非财务信息在管理会计决策支持中同样占据着举足轻重的地位。与财务信息相比,非财务信息更加关注企业的外部环境、内部流程、员工绩效以及客户需求等方面。这些信息虽然难以量化,但对于全面评估企业状况和做出有效决策具有重要意义。例如,市场调研报告、竞争对手分析以及客户需求调查等非财务信息,能够帮助管理者了解市场动态和竞争格局,从而制定更加精准的市场定位和营销策略。同时,内部流程优化报告、员工满意度调查以及创新能力评估等非财务信息,则有助于管理者识别企业内部运营的瓶颈和改进空间,进而提升企业的整体运营效率和竞争力。而且,在面临不确定性时,非财务信息还能够为管理者提供更多的决策选项和灵活性。通过深入了解外部环境的变化趋势和内部资源的潜在能力,管理者可以更加敏锐地捕捉市场机遇并应对潜在挑战。这种前瞻性的决策思维不仅有助于企业在短期内保持竞争优势,更能够为其长远发展奠定坚实基础。

3. 财务信息与非财务信息的融合应用

管理会计的真正价值在于将财务信息与非财务信息进行有效融合并应用于决策过程中。这种融合不仅要求管理者具备全面的信息获取和分析能力,更需要他们具备跨部门、跨领域的协作和整合能力。在实践中,财务信息与非财务信息的融合应用可以通过多种方式实现。例如,管理者可以利用平衡计分卡等工具将财务目标与非财务目标进行有机结合,从而确保企业在追求经济效益的同时不忘履行社会责任和关注可持续发展。此外,通过构建综合性的信息管理系统或利用大数据、人工智能等先进技术对海量信息进行深度挖掘和分析,管理者能够更加准确地把握市场动态和企业内部运营状况,为制定更加科学、合理的决策提供有力支持。

(二)规划与控制

1. 目标设定与计划制订

管理会计在规划阶段的首要任务是协助管理者设定清晰、可衡量的目标。这些目标不仅涉及企业的财务绩效,如收入、利润和市场份额等,还包括非财务目标,如客户满意度、员工绩效和创新能力等。通过综合考量市场环境、企业资源和竞争态势等因素,管理会计为管理者提供数据支持和专业建议,确保所设定的目标既具有挑战性又切实可行。在目标设定的基础上,管理会计进一步参与计划的制订过程。这包括制订长期战略规划、年度预算计划和季度运营计划等。通过深入分析企业的历史数据和市场趋势,管理会计帮助管理者制订符合企业战略目标和发展方向的详细计划。这些计划不仅明确了企业未来的发展方向和具体行动步骤,还为资源的合理分配和绩效的考核提供了依据。

2. 资源分配与预算管理

资源分配是管理会计在规划过程中的另一项重要职责。在有限的资源约束下,如何合理分配人力、物力、财力等资源,以支持企业目标的实现,是管理会计需要解决的关键问题。通过运用成本效益分析、本量利分析等工具和方法,管理会计对不同的业务单元和项目进行评估和比较,从而确定资源的优先配置顺序和分配比例。这种基于数据和分析的决策过程有助于确保资源能够被配置到最具增值潜力的领域,实现企业价值的最大化。预算管理是资源分配的具体体现。管理会计在预算编制过程中发挥着核心作用。通过与各业务部门的紧密合作,管理会计收集、整理和分析各部门的需求和预算数据,确保预算的完整性和准确性。同时,管理会计还利用专业知识和经验对预算数据进行审核和调整,以确保预算目标的合理性和可实现性。在预算执行过程中,管理会计持续监控实际支出与预算之间的差异,及时发现问题并提出改进措施,确保企业能够严格按照预算计划进行运营。

3. 监控评估与风险控制

管理会计在控制阶段的主要任务是监控计划的执行情况并进行评估。通过定期收集和分析实际数据,管理会计将实际结果与计划目标进行对比,揭示出差异和偏差。这些差异和偏差可能是由市场环境的变化、内部运营的失误或管理决策的调整等因素引起的。管理会计需要深入剖析这些原因,并向管理者报告相关情况,以便及时采取纠正措施和调整策略。而且,管理会计还承担着风险控制的职责。在动态变化的市场环境中,企业面临着各种不确定性和潜在风险。管理会计通过识别、评估和管理这些风险,帮助企业降低运营风险并保障稳健发展。这包括建立风险预警机制、制定应急预案和进行风险缓释等措施。通过持续的风险管理和监控,管理会计为企业创造了一个更加安全和可控的运营环境。

（三）业绩评价

1. 定期报告

定期报告是管理会计反馈机制的重要组成部分。这些报告通常按照既定的周期(如月度、季度、年度)编制,涵盖企业各个部门和业务领域的实际业绩数据。通过与预算数据的对照分析,管理者能够清晰地看到哪些部门或业务领域达到了预期目标,哪些则存在偏差。这种对照分析不仅关注财务指标(如收入、成本、利润等),还涉及非财务指标(如客户满意度、市场份额、员工绩效等),从而为管理者提供全面、多维度的业绩视图。在分析过程中,管理会计还会运用各种统计工具和方法,如趋势分析、比率分析、因素分析等,以揭示业绩背后的深层次原因和潜在问题。

2. 业绩分析

在定期报告的基础上,管理会计进一步深入开展业绩分析。这一阶段的重点是挖掘实际业绩与预算之间偏差的根源,并提出具体的改进建议。为此,管理会计需要与相关部门和人员进行深入沟通,了解业务背景、市场环境、竞争态势以及内部运营情况等。通过业绩分析,管理者可以识别出导致偏差的关键因素,如市场需求变化、成本控制不力、执行效率低下等。针对这些问题,管理会计会结合企业的战略目标和实际情况,提出切实可行的改进建议。这些建议可能涉及优化产品组合、调整定价策略、改进生产流程、提升员工绩效等方面。

3. 策略调整

基于定期报告和业绩分析的结果,管理者需要对现有策略进行调整或采取纠正措施。这些决策旨在确保企业能够按照既定目标稳健发展,同时应对内外部环境的变化。策略调整可能涉及市场定位、产品策略、渠道策略等多个方面。例如,如果发现某个产品线的市场表现不佳,管理者可能会决定减少对该产品线的投入,转而将资源投向更具潜力的领域。同样,如果发现某个区域的销售渠道存在瓶颈,管理者可能会考虑开拓新的销售渠道或优化现有渠道结构。纠正措施则更加具体和直接。它们通常针对已经出现的问题或偏差,旨在迅速纠正并防止类似问题再次发生。例如,如果发现某个部门的成本超支严重,管理者可能会要求该部门立即采取成本控制措施,如削减不必要的开支、优化采购流程等。

第三节　管理会计的职能与内容

一、管理会计的职能

(一)预测职能

1. 管理会计预测职能的重要性

在现代企业中,管理会计的预测职能的重要性日益凸显。随着市场环境的不断变化和竞争的加剧,企业面临着越来越多的不确定性和风险。为了有效应对这些挑战,企业必须对未来的发展趋势有准确的预判。管理会计能够通过收集、整理和分析各种会计资料和非会计资料,运用先进的预测技术和方法,为企业提供关于未来销售、成本、利润以及资金需求等方面的可靠信息。这些信息对于企业制定战略规划、优化资源配置、控制成本费用、提高经营效益具有至关重要的作用。而且,管理会计的预测职能还有助于企业增强市场敏感性和快速反应能力。通过对市场趋势的准确预测,企业可以及时调整产品策略、定价策略和市场策略,以满足消费者的需求和偏好。并且,预测还可以帮助企业提前发现潜在的商业机会和威胁,从而采取相应的措施来抓住机遇或规避风险。

2. 管理会计预测职能的具体应用

（1）销售预测

销售预测是管理会计预测职能的重要组成部分。它主要依据历史销售数据、市场调研信息以及客户反馈等,运用统计分析和趋势外推等方法,对未来一段时间内的销售趋势进行预测。销售预测的结果不仅可以帮助企业制订生产计划、库存管理策略和市场营销策略,还可以为企业的财务预算和资金需求预测提供重要输入。

（2）成本预测

成本预测是管理会计在成本控制方面的重要应用。它通过对企业历史成本数据的分析,结合未来的生产规模、技术变化、原材料价格等因素,预测未来一段时间内的成本水平。成本预测有助于企业制定合理的成本控制目标,优化成本结构,提高资源利用效率。同时,成本预测还可以为企业的定价决策和盈利能力分析提供重要依据。

（3）利润预测

利润预测是管理会计在企业盈利能力分析方面的应用。它通过对未来销售收入、成本费用以及税负等因素的预测,推算出企业未来一段时间内的利润水平。利润预测有助于企业评估投资项目的可行性,制定合理的利润分配政策,以及为企业的战略规划和经营决策提供重要参考。

（4）资金需求量预测

资金需求量预测是管理会计在企业财务管理方面的重要应用。它通过对企业未来经营活动、投资活动和筹资活动的预测,估算出企业未来一段时间内的资金需求量和资金缺口。资金需求量预测有助于企业提前规划资金来源和运用,确保企业资金链的安全和稳定。同时,它还可以为企业的财务预算和资金调度提供重要依据。

3. 提高管理会计预测职能的有效性

预测作为管理会计的核心职能之一,是企业在复杂多变的市场环境中做出科学决策的重要基础。它依赖于历史数据和现实信息,通过定量与定性的分析方法,对企业未来的经济活动、财务状况、经营效益以及现金流量等进行合理推测。这种推测不仅为企业管理层提供了决策依据,还帮助企业在激烈的市场竞争中保持前瞻性和主动性。为了充分发挥管理会计的预测职能在企业管理中的作用,企业应建立完善的信息收集、整理和分析系统,确保预测所需的数据和信息准确、完整和及时。还应加强对预测技术和方法的研究和应用,不断提高预测的准确性和可靠性。并应加强对预测结果的监控和评估,及时发现并纠正预测中的偏差和不足。不仅如此,企业需要培养一支具备专业知识和实践经验的管理会计团队,为企业的预测工作提供有力的人才保障。

(二)决策职能

1. 管理会计的决策职能概述

管理会计作为企业内部管理的重要工具,其决策职能在现代企业中具有不可替代的地位。决策是企业管理的核心,而管理会计则通过提供与决策相关的信息,参与企业内部管理决策的全过程。管理会计的决策职能主要体现在为企业内部管理决策提供相关信息。这些信息不仅包括财务数据,还包括非财务数据,如市场需求、竞争对手情况、技术进步等。管理会计通过搜集、整理这些信息,运用专业的方法和技术进行分析、评价和预测,为企业决策者提供科学、合理的决策依据。管理会计的决策职能具有相关性特点,即提供的信息必须与决策目标密切相关,还具有准确性特点,即提供的信息必须真实、可靠,能够反映实际情况,并且具有及时性特点,即提供的信息必须及时、有效,能够满足决策者的需要。这些特点使得管理会计在企业管理决策中发挥着举足轻重的作用。

2. 管理会计在企业内部管理中的决策应用

(1)产品品种组合的选择

在产品品种日益丰富的市场环境下,企业如何选择合适的产品品种组合以满足消费者需求并实现企业利润最大化是一个重要的决策问题。管理会计通过提供关于各产品品种的成本、收益、市场需求等信息,帮助企业决策者进行产品品种组合的优化选择。通过对比分析不同产品品种的盈利能力、市场份额等因素,企业可以确定最佳的产品品种组合策略。

（2）长期投资项目分析

长期投资项目是企业发展的重要支撑，但同时也是风险较高的决策领域。管理会计在长期投资项目分析中的作用主要体现在提供项目评估、资金筹措和风险控制等方面的信息支持。通过对项目的盈利能力、投资回收期、现金流量等关键指标进行预测和评估，管理会计可以帮助企业决策者判断项目的可行性和优劣顺序。同时，管理会计还可以协助企业进行资金筹措方案的制定和风险控制策略的设计，确保长期投资项目的顺利实施。

（3）产品定价

产品定价是企业市场竞争的重要手段之一，也是实现利润最大化的关键环节。管理会计在产品定价决策中的应用主要体现在提供成本信息和市场需求信息两个方面。通过对产品成本进行精确核算和分析，管理会计可以帮助企业确定合理的成本加成率或目标利润率，从而制定出具有竞争力的产品价格。同时，管理会计还可以通过市场调研和数据分析等手段提供关于消费者需求、竞争对手定价策略等信息，为企业制定差异化定价策略提供有力支持。

3. 提高管理会计决策职能的有效性

为了充分发挥管理会计的决策职能在企业管理中的作用，企业应加强对管理会计人员的培训和教育，提高他们的专业素养和综合能力；应建立完善的信息系统和技术支持体系，确保管理会计所需的数据和信息能够及时、准确地获取和处理；并且企业应加强与外部环境的沟通和协调，关注市场动态和政策变化对企业决策的影响，及时调整和优化管理会计策略和方法。

（三）规划职能

1. 全面预算的编制与企业目标的落实

企业管理会计的规划职能是确保企业目标得以实现、资源得以有效利用的关键环节。它通过编制各种计划和预算，将企业的战略目标转化为具体的操作计划，为企业的日常运营和长远发展提供明确的指导。以下将从三个方面详细阐述规划职能在企业管理会计中的实现与重要性。全面预算是企业在一定时期内各项业务活动、财务表现等方面的总体预测。它不仅包括财务预算，还涵盖业务预算、资本预算和筹资预算等。通过编制全面预算，企业能够将决策确定的管理层次目标、业务领域目标和时间范围目标具体化、量化，从而确保这些目标能够在企业日常运营中得到有效落实。在全面预算编制过程中，企业需要将长期战略目标分解为短期目标，再将这些短期目标细化为各部门、各岗位的具体任务。这样，每个员工都能明确自己的工作目标和责任，形成全员参与、共同为实现企业目标而努力的良好氛围。同时,全面预算的编制还需要充分考虑企业内外部环境的变化,确保预算的灵活性和适应性。

2. 责任预算的编制与资源的有效配置

责任预算是在全面预算的基础上,按照企业内部各责任中心的责任范围和业务特点进一步分解的预算。通过编制责任预算,企业能够将全面预算的指标落实到各个责任中心,确保每个责任中心都有明确的目标和责任。同时,责任预算的编制还有助于企业实现资源的有效配置。在责任预算编制过程中,企业需要根据各责任中心的业务需求和资源状况,合理分配人力、物力和财力资源。这样,既能够确保各责任中心有足够的资源完成预算任务,又能够避免资源的浪费和闲置。同时,通过定期对比各责任中心的实际业绩与预算目标的差异,企业还可以及时发现并解决资源配置过程中出现的问题,确保资源的有效利用。

3. 规划职能与控制职能的相互作用

规划职能与控制职能在企业管理会计中是密不可分的。规划职能为控制职能提供了目标和标准,而控制职能则确保规划职能的有效实施。通过编制全面预算和责任预算,企业能够明确各责任中心的目标和责任,为后续的业绩评价和考核提供依据。同时,在实际运营过程中,企业还需要通过控制职能对各项预算指标的执行情况进行监控和调整,确保企业能够按照既定的目标稳步前进。具体来说,当实际业绩与预算目标出现偏差时,控制职能需要及时发现问题并分析原因,提出改进措施并督促落实。这样,既能够确保企业目标的顺利实现,又能够不断提升企业的管理水平和运营效率。同时,通过规划职能与控制职能的相互作用,企业还能够不断优化资源配置、降低成本费用、提高市场竞争力,为企业的长远发展奠定坚实基础。

(四)控制职能

1. 控制标准

在现代企业管理中,全面预算作为一种重要的管理工具,不仅体现了企业的总体目标,更是衡量企业生产经营活动绩效的标准。全面预算涉及企业收入、支出、现金流等各个方面,是企业对未来一定时期内经营活动的全面规划和预测。通过全面预算,企业可以将长期战略目标分解为短期的、可操作的具体目标,为各责任单位提供明确的行动指南。为了更有效地实施控制,全面预算的各项指标需要按照企业内部划分的责任单位进行层层分解。这一过程并非简单的数字分配,而是根据各责任单位的职能、资源、能力等因素,将总体目标细化为各责任单位的具体目标。这样,每个责任单位都能明确自己在企业总体目标中的位置和作用,从而形成上下一致、协调统一的目标体系。编制责任预算是这一过程中的关键环节。责任预算以全面预算为基础,结合各责任单位的实际情况,制定出既符合企业总体目标又体现各责任单位特色的预算指标。这些指标不仅包括财务指标,如收入、成本、利润等,还包括非财务指标,如客户满意度、市场占有率等。通过这些指标,企业可以全面、客观地评价各责任单位的工作绩效。责任预算的编制过程也是一个沟通协调的过程。在编制过程中,各责任单位需要充分参与和讨论,确保预算指标的合理性和可行性。同时,企业高层管理者也需要对各责任单位的预算指标进行审核和平衡,确保各责任单位的目标与企业总体目标保持一致。

责任预算一旦确定,就成为评价考核各责任中心的标准。通过定期对比实际经营成果与责任预算的差异,企业可以及时了解各责任单位的工作进度和存在的问题,从而采取相应的措施进行改进和调整。这种以责任预算为标准的控制方式不仅提高了企业管理的针对性和有效性,也激发了各责任单位的工作积极性和创造性。

2. 计量和记录

在企业管理中,对实际经营活动的计量和记录是至关重要的一环。这不仅是为了了解企业当前的运营状态,更是为了与预算数据进行对比,分析差异,从而做出有效的决策。实际经营活动的计量和记录需要全面且细致,这包括但不限于收入、支出、成本、库存、销售、生产等各个环节的数据。这些数据不仅反映了企业当前的财务状况,还揭示了企业的运营效率、市场竞争力以及潜在的风险。因此,对这些数据的收集、整理和分析是企业管理中不可或缺的一部分。为了有效地收集这些数据,企业需要建立一套完善的信息反馈系统。这个系统应该能够实时地收集各个责任单位的数据,并将其整合到一个统一的平台上。这样,管理者就可以随时查看和分析这些数据,了解企业的实时运营状态。除了实时数据的收集外,企业还需要定期编制业绩报告。这些报告通常包括财务报表、销售报告、生产报告等,它们提供了企业在一段时间内的全面运营情况。通过这些报告,管理者可以了解企业是否按照预算和计划进行运营,是否存在偏差,以及偏差的原因和可能的解决方案。而业绩报告的编制也是一个复杂的过程。它需要对收集到的数据进行整理、分析和解释,以形成有意义的信息。这些信息不仅需要准确反映企业的运营情况,还需要以易于理解的方式呈现出来,以便管理者和其他利益相关者能够快速获取所需的信息。

3. 对比和分析

在企业经营管理过程中,对比和分析责任预算与实际经营活动的差异是至关重要的环节。这种差异分析不仅揭示了企业在执行预算过程中的偏差和问题,还为管理层提供了改进和调整经营策略的依据。对此,企业需要将实际收入、支出、成本等各项指标与预算数据进行逐一对比,计算出差异额和差异率。这些差异可能源于市场环境的变化、内部管理的不足、资源配置的不合理等多种原因。通过深入分析这些差异,企业可以更加准确地识别出经营过程中的问题和挑战。并且,差异分析需要结合具体的业务情境和市场环境进行。例如,如果实际销售收入低于预算,企业需要分析是市场需求下降、竞争对手策略调整还是自身销售策略不当导致的。这种深入的业务分析有助于企业找到问题的根源,从而制定更加有效的改进措施。而且,基于差异分析的结果,企业可以对各责任中心的工作绩效进行评价。这种评价应该是全面而客观的,既要考虑财务指标的完成情况,也要关注非财务指标的达成情况。通过绩效评价,企业可以激励表现优秀的责任中心继续努力,同时也可以促使表现不佳的责任中心查找原因并改进工作。

二、管理会计的内容

现代管理会计的五大职能经过整合与重塑,可以凝练为三大核心板块:预测决策会计、规划控制会计以及责任会计。这三大板块并非孤立存在,而是相互交织、相辅相成,共同构建了管理会计的宏伟框架。进一步将这三大板块融合,我们又可以将其划分为两大领域:规划与决策会计,以及控制与业绩评价会计。这两大领域如同管理会计的双翼,助力企业在复杂多变的市场环境中稳健飞翔。预测决策会计作为现代管理会计的灵魂,占据着核心地位。它不仅是企业决策者的智囊团,更是企业未来发展的指南针。预测决策会计通过收集、分析市场信息,运用科学的方法和技术,对企业未来的经营环境、发展趋势进行预测和研判。在此基础上,结合企业的实际情况和战略目标,为企业制定出最优的决策方案。预测决策会计的能动作用体现在它能够主动适应市场变化,及时调整决策策略,确保企业始终走在正确的发展道路上。而规划控制会计则是在决策目标和经营方针已经明确的前提下,承担起执行和监督的角色。它根据既定的决策方案,制订详细的实施计划和预算,确保企业的各项资源得到合理配置和有效利用。同时,规划控制会计还通过定期对比实际业绩与预算目标的差异,及时发现执行过程中的问题并提出改进措施,确保企业能够按照既定的轨道稳步前进。规划控制会计的存在使得企业的决策目标得以有效落实,为企业的长远发展提供了坚实的保障;责任会计则是基于分权管理的思想而建立的一种管理会计子系统。它将企业内部划分为若干个责任中心,每个责任中心都有其明确的职责、权限、利益及所承担的义务。责任会计通过定期考核评价各责任中心的业绩完成情况,真实反映其工作成果和贡献度。这种评价方式不仅为实施奖惩制度提供了客观依据,更重要的是能够激发企业全体职工的工作积极性和创造力。因为每个员工都明白自己的工作和企业的整体目标息息相关,只有通过共同努力才能实现企业的繁荣昌盛。管理会计的内容如图 1-1 所示。

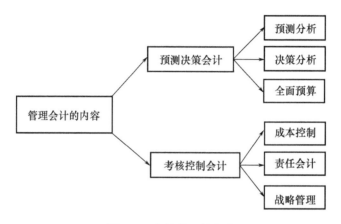

图 1-1　会计管理的内容

第四节　管理会计与财务会计的关系与区别

一、管理会计与财务会计的关系

(一)信息同源

财务会计是对凭证、账簿和报表的资料进行核算分析,管理会计信息的主要来源仍然是财务会计系统中有关记账、算账的信息资料。管理会计经常直接引用财务会计的凭证、账簿和报表的资料进行分析研究和必要的加工、改制和延伸,从而更好地为企业内部管理服务。例如,对成本按其性态进行重新归纳、组合,把成本分为固定成本和变动成本两大类。在此基础上,进行成本预测、变动成本计算和本-量-利分析、差别成本分析、弹性预算的编制等,而财务会计所反映的企业经济活动是用管理会计提供的信息进行决策和控制的结果。

(二)信息资料互补

管理会计所形成的各种信息资料可以作为财务会计报告中的补充资料。例如,上市公司的年度财务报告中,往往会涉及企业的业绩评价和薪酬激励计划资料、财务预算和盈利预测数据等。财务会计通过对企业日常发生的经济业务所对应的会计要素进行确认、计量和报告而形成的会计信息资料,是管理会计进行规划、决策、控制与业绩评价的主要信息来源。

(三)总体目标相同

虽然管理会计与财务会计提供信息的用途有所区别,但这并没有改变它们作为企业经营管理工具的本质,其总体目标都是加强企业经营管理和实现企业最佳经济效益。

二、管理会计与财务会计的区别

管理会计与财务会计作为会计学体系的两大分支,负责企业财务活动的不同领域,因此在许多方面都存在差异,具体见表1-1。

表1-1 管理会计与财务会计的区别

项目	财务会计	管理会计
会计主体	整个企业	企业内部各责任单位
服务对象	侧重于企业外部	侧重于企业外部
会计职能	反映和监督	预测、决策、规划、控制、考评
会计方法	规范统一	灵活多样
核算程序	核算程序	无固定程序
作用时效	评价与反映过去	预测与规划未来
数据精确程度	力求精确	力求精确
报告编制时间	定期报告	不固定报告时间
会计准则和制度	规范的会计准则和制度约束	不受公认会计准则和制度限制
成本计算方法	完全成本法	变动成本法

（一）会计主体

1. 财务会计

财务会计作为企业会计体系的重要组成部分,其核心职能是以整个企业为会计主体,对企业的资产、负债、所有者权益、收入、费用和利润等会计要素进行全面的确认、计量和报告。这些活动旨在向企业的外部信息使用者,如投资者、债权人、政府机构等,提供关于企业财务状况和经营成果的真实、准确和完整的财务信息。在确认环节,财务会计遵循权责发生制和配比原则,确保每一笔交易或事项都能得到及时、恰当的记录。在计量环节,财务会计采用历史成本、公允价值等多种计量属性,以确保资产和负债的账面价值能够真实反映其经济价值。在报告环节,财务会计通过编制资产负债表、利润表、现金流量表等财务报表,全面展示企业的财务状况、经营成果和现金流量。财务会计的信息质量特征包括可靠性、相关性、可理解性、可比性、实质重于形式、重要性、谨慎性和及时性等。这些特征确保了财务会计信息能够满足外部信息使用者的决策需要,帮助他们评估企业的过去业绩、现在状况和未来前景。

2. 管理会计

管理会计与财务会计并列为企业会计的两大分支,其关注的焦点主要集中在企业内部的各责任单位或责任中心。管理会计的主要职能是对各责任单位的日常经济活动进行预测、决策、规划、控制和考评,以帮助企业实现既定的战略目标。预测是管理会计的起点,通过对市场环境、竞争态势和内部资源的分析,预测各责任单位未来的业务量和收入等。决策是在预测的基础上,运用本量利分析、边际贡献等决策工具,为各责任单位选择最优的经营方案。规划是将决策目标具体化为可执行的预算和计划,确保各责任单位的经营活动能够有序进行。控制是管理会计的核心环节,通过对比实际业绩与预算目标的差异,及时发现问题并采取纠正措施,确保各责任单位的经营活动能够按照既定的轨道进行。考评则是对各责任单位的经营成果进行客观评价,并根据评价结果实施奖惩,以激励各责任单位不断提高经营效率和管理水平。管理会计的工具和方法灵活多样,包括标准成本法、作业成本法、全面预算管理、平衡计分卡等。这些工具和方法的应用使得管理会计能够更好地服务于企业内部管理需要,推动企业实现持续稳健的发展。

（二）服务对象

1. 财务会计的服务对象

财务会计常被称作外部会计或对外报告会计,其核心职责是向企业外部的经济利害关系方提供全面、准确、及时的财务信息。这些外部信息使用者与企业存在着直接或间接的经济利益关系,他们依赖财务会计提供的信息来做出各种经济决策。股东和潜在的投资者是财务会计信息的主要使用者之一。他们通过查阅企业的财务报表了解企业的盈利能力、财务状况和现金流情况,从而评估企业的投资价值和风险。这些信息对于他们的投资决策至关重要。财税部门和主管机关也是财务会计信息的重要使用者。他们利用企业提供的财务信息来征收税款、监管企业的财务活动,确保企业遵守相关的制度规定。银行及其他债权人同样关注企业的财务信息。他们通过分析企业的资产负债表、利润表和现金流量表,评估企业的偿债能力和信贷风险,从而决定是否为企业提供贷款或其他的信贷支持。此外,监管部门也需要企业的财务信息进行市场监管和宏观调控。他们通过收集和分析企业的财务数据了解行业的发展趋势和市场的运行状况,为制定相关政策提供依据。

2. 管理会计的服务对象

管理会计又称为内部会计或对内报告会计,其服务对象主要是企业内部的经营管理者。它提供的信息不局限于传统的财务报表数据,而是更加灵活、多样,旨在满足企业内部管理的各种需求。企业内部经营管理者需要了解企业的实际经营状况,以便做出有效的经营决策。管理会计通过提供各种内部报告和分析数据,帮助他们了解企业的成本结构、盈利能力、市场份额等关键信息。这些信息有助于管理者制订战略计划、优化产品组合、调整价格策略等。而且,管理会计还关注企业的成本控制和预算管理。它通过制定预算、分析成本差异、追踪实际支出等手段,帮助管理者控制成本、提高资源利用效率。这些信息对于企业的成本控制和盈利能力至关重要。除了提供财务信息外,管理会计还涉及非财务信息的分析和报告。例如,它可能关注企业的客户满意度、员工绩效、生产效率等非财务指标,这些指标对于评估企业的综合绩效和竞争力具有重要意义。

(三)会计职能

1. 财务会计的反映和监督职能

财务会计在企业中扮演着至关重要的角色,其核心职能主要是对企业经营活动进行反映和监督。这两项职能相互关联,共同构成了财务会计工作的基础。反映职能是财务会计的基础工作。它要求财务会计人员用货币形式对企业发生的经济活动进行连续、全面、系统的记录。这些记录不仅包括企业的日常收支、资产负债状况,还涉及企业的成本、收入、利润等各个方面。通过反映职能,财务会计能够生成一系列财务报表,如资产负债表、利润表和现金流量表等,这些报表为企业内部管理者和外部利益相关者提供了了解企业经营状况的重要窗口。与反映职能相辅相成的是监督职能。监督职能是指财务会计人员根据记录的结果对企业的经济活动进行指导和调整。这种指导和调整可以是直接的,如通过制定和执行预算来控制成本;也可以是间接的,如通过分析财务数据来发现经营中的问题并提出改进建议。监督职能的发挥有助于确保企业的经济活动符合法律法规的要求,同时也有助于提高企业的经济效益和管理水平。

2. 管理会计的预测、决策、规划、控制、考评职能

管理会计作为企业会计的另一个重要分支,其职能主要集中在对企业经营管理活动进行预测、决策、规划、控制和考评等方面。这些职能共同构成了管理会计的核心任务。预测职能是管理会计的起点,它要求管理会计人员根据历史数据和市场趋势对企业的未来经营状况进行预测和分析。这种预测不仅涉及收入、成本、利润等财务指标,还包括市场需求、竞争态势等非财务指标。通过预测,企业能够提前了解市场变化,为制定应对策略提供依据;决策职能是在预测的基础上进行的。管理会计人员需要运用各种决策工具和技术,如本量利分析、边际贡献分析等,为企业的经营管理决策提供数据支持。这些决策可能涉及产品定价、市场策略、投资方向等多个方面。通过科学的决策,企业能够优化资源配置,提高市场竞争力;规划职能是将决策目标具体化为可执行的计划和预算。管理会计人员需要协助企业管理者制定全面的经营计划和预算方案,确保企业的各项经营活动能够有序进行。这些计划和预算不仅涉及财务指标,还包括人员配置、时间安排等非财务指标。通过规划职能的发挥,企业能够实现资源的合理配置和高效利用。控制职能是确保企业经营活动按照既定计划和预算进行的关键环节。管理会计人员需要通过对比实际业绩与预算目标的差异,及时发现问题并采取纠正措施。这种控制可以是事前的预防控制,如通过审批制度来控制成本;也可以是事后的反馈控制,如通过分析实际业绩来发现管理漏洞。通过控制职能的发挥,企业能够确保经营活动的顺利进行并防范潜在风险;考评职能是对企业经营管理成果进行客观评价的重要环节。管理会计人员需要根据既定的考评标准和实际业绩数据,对各责任单位的经营成果进行客观评价,并根据评价结果实施奖惩措施。通过考评职能的发挥,企业能够激励员工积极工作并推动整体业绩的提升。同时,考评结果也为企业管理者提供了了解企业经营状况和管理水平的重要途径。

（四）会计方法

1. 财务会计的方法体系

财务会计作为企业会计的一个重要分支,具有一整套完整且规范的会计方法体系。这套方法体系是财务会计工作的基础,确保了财务信息的准确性、可靠性和一致性。通过设立不同的账户,企业能够分类记录各项经济业务,为后续的数据处理和报表编制提供便利。每个账户都有其特定的用途和核算内容,确保了财务信息的清晰和有序。而复式记账是财务会计的核心方法,它要求每笔经济业务都必须以相等的金额在两个或两个以上的账户中进行记录。这种方法不仅能够全面反映企业的经济活动,还有助于确保账务的平衡和准确。不仅如此,填制和审核凭证也是财务会计不可或缺的一环。凭证是记录经济业务的书面证明,也是账务处理的依据。通过填制和审核凭证,企业能够确保经济业务的真实性和合规性,防止舞弊和错误的发生。而且,通过登记账簿,企业能够系统地记录各项经济业务的发生和变动情况,为后续的报表编制提供数据支持。并且,成本计算是财务会计的重要组成部分。它要求企业按照一定的方法和程序,对生产经营过程中发生的各项费用进行归集和分配,以确定产品的成本和盈利情况。值得注意的是,财产清查是确保企业资产安全完整的重要手段。通过定期或不定期的财产清查,企业能够及时发现资产的盘盈、盘亏和毁损情况,并采取相应的处理措施。

2. 管理会计的方法灵活多样

与管理会计的灵活性和多样性相比,财务会计的方法体系显得更为规范和固定。管理会计在方法上拥有更大的自由度和选择空间,可以根据企业的实际需求和经营环境进行灵活调整。管理会计的方法包括数学方法、统计方法、会计方法以及计算机技术等。这些方法可以单独使用,也可以相互结合,形成一套综合性的管理会计工具。例如,企业可以利用数学方法进行预测和决策分析,利用统计方法进行市场调研和数据分析,利用会计方法进行成本控制和预算管理,利用计算机技术进行数据处理和信息系统构建等。而且,管理会计的灵活性还体现在其可以根据经营管理活动的不同要求进行方法的选择和调整。例如,在成本控制方面,企业可以根据产品的特点和生产流程选择适合的成本计算方法;在预算管理方面,企业可以根据预算目标和实际执行情况调整预算方案和控制措施;在决策分析方面,企业可以根据决策问题的性质和复杂程度选择适合的决策工具和技术等。

第二章 管理会计的基本理论与基本方法

第一节 管理会计的基础理论

一、一般系统理论

(一)系统论视角下的管理会计

管理会计作为企业内部管理的重要工具,其理论和实践深受系统论、信息论和控制论等基础理论的影响。这些理论为管理会计提供了一个全新的视角和方法论,使其更加科学、系统和有效。系统论认为,世界上任何事物都是一个由若干要素构成、具有特定功能的整体,即系统。管理会计作为一个管理控制信息系统,同样可以从系统论的角度进行审视。在企业内部,管理会计是一个由多个要素组成的复杂系统,这些要素包括人员、资金、信息、流程等。这些要素相互作用、相互影响,共同构成了一个具有特定功能的管理会计系统。从系统论的角度来看,管理会计的目标是实现企业整体效益的最大化。为了实现这一目标,管理会计需要对企业内部的各个子系统进行有效的协调和控制。这包括制订合理的预算计划、分配资源、监控预算执行情况等。通过这些措施,管理会计可以确保企业各个部门和员工都能够按照既定的目标努力工作,从而实现企业整体效益的提升。

(二)信息论在管理会计中的应用

信息论是研究信息的产生、传输、处理和应用的一门科学。在管理会计中,信息论的应用主要体现在对财务和非财务信息的收集、处理和应用上。这些信息是管理会计进行决策和控制的重要依据。管理会计通过收集企业内部和外部的各种信息,如财务数据、市场数据、竞争对手数据等,对这些信息进行整理、分析和挖掘,提取出对企业决策和控制有用的信息。这些信息不仅可以帮助管理者了解企业的财务状况和经营成果,还可以帮助他们预测未来的发展趋势和潜在风险。基于这些信息,管理者可以做出更加科学、合理的决策,并采取有效的控制措施来确保企业的稳健发展。

（三）控制论在管理会计中的实践

控制论是研究系统如何通过反馈机制实现预期目标的一门科学。在管理会计中，控制论的应用主要体现在对企业运营过程的监控和调整上。管理会计通过设定企业运营目标，建立相应的监控机制来跟踪和评估目标的执行情况。当实际执行与预定目标出现偏差时，管理会计会及时采取措施进行调整和纠正，以确保企业能够按照既定目标稳健发展。这种反馈机制在管理会计中发挥着至关重要的作用。它可以帮助管理者及时发现问题并采取相应的解决措施，避免问题扩大化或对企业造成不可逆转的影响。同时，通过反馈机制，管理会计还可以促进企业内部的持续改进和创新发展。当企业面临新的挑战和机遇时，管理会计可以通过调整目标和策略来适应新的环境要求，推动企业不断向前发展。

二、机制设计理论

机制设计理论是由赫尔维茨、马斯金和迈尔森这三位2007年诺贝尔经济学奖得主共同创立的学说，深入探讨了如何在明确的经济或社会目标导向下，构建一个精妙的机制——其中包括了规则、制度等诸多要素。该理论的核心在于确保经济活动参与者的个人利益与机制设计者的预设目标达成和谐统一。在机制设计理论的框架下，一个高效的社会经济机制必须涵盖两大核心要素：信息与激励。这两大要素也分别对应着机制设计中需要解决的两个根本问题。第一个问题是信息效率，即如何最优化地配置和利用信息，使得信息的种类和数量既能满足需求，又能实现成本的最小化。第二个问题则是激励相容，这是指通过巧妙设计的激励机制，参与者在追求个人利益的同时，也能无形中推动机制设计者既定目标的实现。一般系统理论作为一个普遍适用于人类社会乃至自然界的学说，并未专门聚焦于社会系统的研究。而机制设计理论则是对社会经济机制的深入探索。当我们将这两者结合起来，便能够洞察到管理控制系统的更深层次运作原理。在这个综合的视角下，管理控制系统不再是一个简单的、静态的结构，而是一个充满动态性和互动性的复杂系统。根据机制设计理论的指引，我们可以在管理控制系统中巧妙地融入激励因素。这样一来，只要在设计过程中确保了控制者、被控制者以及设计者之间的目标激励相容，那么各方就会自然而然地为实现系统的整体目标而倾尽全力。这种内在的驱动力和自发性正是社会经济系统机制所独有的魅力所在。在这种激励相容的条件下，系统或机制的运作态势与目标之间的差异调整不再仅仅依赖于控制者的外部干预。相反，被控制者自身也会因为激励机制的引导而自发地进行调整和优化。从这个意义上说,激励不仅为管理控制系统目标的实现提供了源源不断的动力,更使得被控制者的态度和行为发生了根本性的转变——从被动转为主动,从消极转为积极。这样一来,管理控制系统本身也就成为了一个具有高度自动化和自适应能力的系统或机制。图 1 显示了管理控制系统的三个因素。

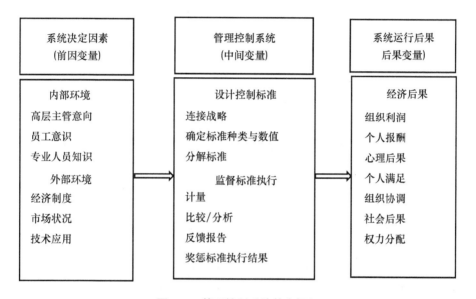

图 2-1 管理控制系统基本框架

三、行为科学

(一)管理控制系统中的个体与互动行为

在管理控制系统中,我们可以将系统拟人化,将其中的控制者和被控制者视为具有特定特征和行为的个体。这些个体的行为不仅受到其内部特征的影响,还受到其所处环境的影响。内部特征可能包括个体的知识、技能、动机和价值观等,而环境则包括管理控制系统的内部环境和外部环境。内部环境主要指组织文化、组织结构、内部政策和程序等,它们对个体的行为产生直接的影响。例如,一个强调创新和自主性的组织文化可能会激发员工的创造力和主动性,而一个等级森严、流程烦琐的组织结构则可能导致员工行为的僵化和低效。外部环境则更为广泛,包括市场竞争、法律法规、社会文化等。这些外部因素不仅影响管理控制系统的整体运行,还通过影响内部环境进而对个体行为产生影响。例如,激烈的市场竞争可能迫使企业调整其管理控制系统,以更加灵活和高效的方式应对市场变化,这种调整又会进一步影响员工的行为和态度。在管理控制系统中,控制者和被控制者之间的互动行为也是非常重要的。这些互动不仅包括正式的沟通和协调,还包括非正式的社交和情感交流。这些互动行为对管理控制系统的运行效果产生着深远的影响。例如,良好的沟通和协调可以促进信息的有效传递和资源的合理配置,从而提高系统的整体效能;而非正式的社交和情感交流则可以增强员工之间的信任和归属感,有助于形成更加积极和稳定的组织氛围。

(二)管理控制系统的环境决定因素与运行后果

管理控制系统的运行受到多种环境因素的共同影响。这些环境因素可以分为内部环境和外部环境两大类。内部环境主要包括组织的战略目标、组织结构、组织文化、人力资源政策等;外部环境则包括市场环境、法律法规、技术进步、社会文化等。这些环境因素对管理控制系统的设计和运行产生着深远的影响。例如,组织的战略目标决定了管理控制系统的目标和方向;组织结构则决定了信息的传递方式和资源的配置方式;组织文化则影响着员工的行为和态度;人力资源政策则直接关系到员工的激励和发展。同样,外部环境的变化也会迫使管理控制系统进行相应的调整和优化。例如,市场环境的变化可能要求企业调整其产品定位和市场策略;法律法规的变化则可能要求企业调整其合规策略和风险管理策略。管理控制系统的运行后果是多种多样的,包括经济后果、心理后果和社会后果等。经济后果主要体现在组织的财务绩效和市场竞争力上;心理后果则体现在员工的满意度、忠诚度和工作动力上;社会后果则体现在组织的社会声誉和品牌形象上。这些运行后果不仅受到管理控制系统本身的设计和运行效果的影响,还受到环境因素的制约。例如,在一个竞争激烈的市场环境中,即使一个设计精良的管理控制系统也可能因为外部环境的压力而无法达到预期的经济后果。同样,一个忽视员工心理需求的管理控制系统可能会导致员工的不满和离职,从而产生负面的心理后果和社会后果。

(三)行为科学对管理控制系统的启示

行为科学作为社会科学的一个广泛领域,专注于研究人类行为的各种理论和方法。其中,心理学、社会学和经济学等学科为人类行为的研究提供了深入的洞察。特别是心理学中的"行为学派",其核心观点认为个体行为是个体与其所处环境相互作用的产物,这一观点为理解管理控制系统中的个体和互动行为提供了新的视角。它提醒我们注意环境因素对管理控制系统运行的重要影响。这意味着在设计和管理控制系统时,我们需要充分考虑内外部环境的变化,确保系统的灵活性和适应性。而且,行为科学强调了个体和互动行为在管理控制系统中的重要性。这意味着我们需要关注员工的需求、动机和行为模式,以及他们之间的互动方式和效果。通过优化个体和互动行为,我们可以提高管理控制系统的整体效能和员工的满意度。并且,行为科学为我们提供了一个更加全面和深入的理解管理控制系统的框架。这个框架不仅包括了系统的决定因素和运行后果,还包括了它们之间的相互关系和影响机制。通过这个框架,我们可以更加系统地分析和管理控制系统中的各种问题和挑战。

第二节　管理会计的应用理论

一、管理控制系统动态结构

(一)控制者与被控制者及其关系

1. 企业中控制者与被控制者的角色定位

在企业层级结构中,管理当局通常被视为典型的控制者,他们负责制定战略、监督运营并做出决策。一线员工则是典型的被控制者,他们直接执行管理当局的指令,完成具体的工作任务。然而,这种划分并非绝对。在实际运营中,中间层级的经理们扮演着双重角色:他们既是控制者,负责传达上级指令并监督下属执行;同时也是被控制者,需要接受上级的监督和管理。这种层级结构中的控制与被控制关系并非简单的命令与服从。在现代企业中,控制者与被控制者之间更多地表现为一种合作关系。这种合作关系的建立基于双方在平等和自愿的基础上订立的契约,这是市场经济的基本规则。在这种契约关系中,控制者不会任意摆布被控制者,被控制者也不可能完全失去自主性。相反,双方通过协商和合作共同实现企业的目标。

2. 合作关系的保障机制

为了维护这种合作关系并激发员工的积极性和主动性,企业需要建立有效的激励制度。激励制度是一种通过物质或非物质手段来激发员工工作动力和热情的管理制度。它可以将控制者与被控制者的利益结合起来,使双方在追求共同目标的过程中实现各自的价值。美国管理之父泰罗对激励制度做出了重要贡献。他提出的科学管理理论强调通过工作效率的提高和劳动定额的合理化来激发员工的工作积极性。这一理论为后来的激励制度提供了重要基础。在现代企业中,激励制度通常包括薪酬激励、晋升激励、荣誉激励等多种形式。这些激励手段可以根据员工的不同需求和动机进行灵活组合,以达到最佳的激励效果。

3. 激励制度在企业实践中的应用

企业作为层级组织,其内部存在着管理当局、中间层级经理以及一线员工等不同角色。这些角色在控制与被控制的关系中相互作用,形成了企业运营的基本架构。理解这种关系及其保障机制对于提升企业管理效率和员工积极性至关重要。在企业实践中,激励制度的应用和效果因企业规模、行业特点和文化差异等因素而异。然而,一些成功的企业案例为我们提供了有益的借鉴。这些企业通常能够根据员工的需求和动机制定针对性的激励方案,从而有效地提高员工的工作满意度和绩效水平。同时,它们还注重激励制度的公平性和透明度,确保所有员工都能在平等的竞争环境中获得应有的回报。除了物质激励外,非物质激励在现代企业中也发挥着越来越重要的作用。例如,为员工提供培训和发展机会、营造良好的工作氛围和企业文化、赋予员工更多的自主权和决策参与等。这些非物质激励手段可以满足员工的精神需求,增强他们的归属感和忠诚度,从而进一步提升企业的整体绩效和竞争力。

(二)设计控制标准

1. 控制标准与战略的衔接方法

在现代企业中,控制标准不仅为管控系统指明了短期内的具体运行方向,更是企业战略实施的关键工具。为了确保企业能够持续、最大化地创造价值,将控制标准与战略紧密衔接显得尤为重要。这一衔接过程需要系统、规范的方法,其中平衡计分卡和业务流程改进/再造两种方法备受推崇。平衡计分卡是一种综合性的业绩评价工具,它将企业的战略目标分解为财务、客户、内部业务流程、学习和成长四个维度,确保控制标准与战略目标保持一致。通过平衡计分卡,企业可以更加清晰地了解战略目标的实现情况,及时调整管控系统,确保战略的有效实施。业务流程改进/再造则是通过对企业业务流程进行深入分析,找出流程中的瓶颈和问题,进而对流程进行优化或重新设计。这种方法可以帮助企业提高运营效率,降低成本,从而更好地实现战略目标。在业务流程改进/再造的过程中,控制标准也需要相应地进行调整,以确保新的流程与战略目标保持一致。

2. 客观控制标准的应用

客观控制标准是企业管控系统中最为常用的一种标准。它通常是由控制者与被控制者共同同意的业绩考核指标,具有明确的计算公式和评定方法。客观控制标准可以分为结果控制标准和过程控制标准两类;结果控制标准主要关注被控制者的业绩结果,如经济增加值、利润、投资报酬率等指标。这些指标通常与企业的战略目标直接相关,能够直观地反映被控制者的业绩水平。然而,结果控制标准也存在一定的局限性,它假设过程与结果一致,但实际上过程与结果之间可能存在偏差;过程控制标准则更加关注被控制者完成工作的过程,如内控制度等。它要求被控制者按照既定的步骤和程序完成工作,以确保工作的质量和效率。过程控制标准可以弥补结果控制标准的不足,确保被控制者在工作过程中不偏离战略目标。在企业实务中,大多数企业更倾向于使用结果控制标准,因为其结果更容易量化和比较。然而,随着企业对管理精细化的要求越来越高,过程控制标准也逐渐受到重视。实际上,将结果控制标准与过程控制标准相结合使用,可以更加全面地评价被控制者的业绩,确保管控系统的有效性。

3. 主观控制标准的应用

主观控制标准是一种基于控制者或上级的印象、感觉和偏好对被控制者或下级进行业绩评价的方法。虽然主观控制标准具有一定的灵活性和适应性,但也存在较大的风险。如果企业的控制标准完全或主要建立在主观业绩评价的基础上,可能会诱发员工之间的串通、矛盾激化、士气涣散等问题,导致管控系统偏离目标,给企业战略目标的实现造成负面影响。然而,这并不意味着主观控制标准没有应用价值。当主观控制标准与客观控制标准合理搭配使用时,它可以发挥出积极作用。例如,在某些特定情况下,主观控制标准可以矫正客观控制标准与战略的偏差,补充客观控制标准不能囊括的非定量因素的不足。而且,主观控制标准还可以用于调节薪酬分配和维护上级权威性等方面。

(三)监督控制标准的执行过程

1. 控制标准的制定与执行

在企业运营过程中,控制者与被控制者共同制定控制标准,旨在确保企业各项活动能够按照既定目标顺利进行。被控制者在执行这些标准时,控制者并非袖手旁观,而是对整个执行过程进行严密监督。而控制标准是企业管理的基础,它为被控制者提供了明确的行动指南。这些标准既可以是财务指标,如销售额、利润率等;也可以是非财务指标,如客户满意度、员工离职率等。在制定控制标准时,控制者需要与被控制者充分沟通,确保标准既具有挑战性又切实可行。一旦标准得以确立,被控制者就必须严格按照要求执行,以确保企业目标的实现。执行控制标准的过程中,被控制者的表现直接影响着企业整体的运营效率。因此,控制者需要对执行过程进行持续监督,以确保各项标准得到有效落实。这种监督并非简单的干涉或指责,而是通过提供必要的支持和指导,帮助被控制者更好地完成任务。

2. 监督过程的三个重要因素

监督过程包括计量、分析和反馈三个环节。计量是监督的基础,它通过收集各种数据和信息来反映被控制者执行控制标准的进度和结果。这些数据既可以是财务指标,如销售额、成本等;也可以是非财务指标,如客户满意度、市场份额等。通过准确计量,控制者能够及时了解企业运营的实际情况,为后续的分析和决策提供依据。分析是监督过程的核心环节。它包括对计量数据的深入剖析和解读,以揭示企业运营中的优势、劣势、机会和威胁。通过将实际进度和结果与控制标准进行比较,分析可以确定两者之间是否存在差异以及差异的大小和性质。如果存在差异,分析还需要进一步探究差异产生的原因、追溯责任归属,并拟定相应的整改措施。而反馈是监督过程的最后环节。它将分析的结果以适当的方式传达给被控制者,以便他们了解自己的工作表现并作出相应的调整。有效的反馈应该具有及时性、准确性和针对性,能够明确指出被控制者在执行控制标准过程中存在的问题和不足,并提供具体的改进建议和指导。

3. 整改措施的拟定与实施

当分析发现实际进度和结果与控制标准存在显著差异时,控制者需要拟定整改措施以纠正偏差并防止类似问题的再次发生。整改措施的拟定应该基于深入的原因分析和责任追溯,以确保措施的有效性和针对性。同时,整改措施的实施也需要得到被控制者的积极参与和配合,以确保整改工作的顺利进行。在拟定整改措施时,控制者还需要考虑奖惩制度的有效性。如果奖惩制度能够得到严格执行和公正裁决,那么它将对被控制者的行为产生强大的激励和约束作用,从而降低偏差发生的可能性。然而,如果奖惩制度形同虚设或执行不力,那么控制者就需要采取更为积极的措施来推动整改工作的进行,如加强培训、提供技术支持等。

二、管理控制系统的具体类型

(一)成本管控系统

1. 成本管控系统的类型及其降低成本的途径

成本管控系统具有多种类型,这些类型之间的主要差别在于降低成本的途径不同。

（1）美国传统的标准成本制度

要通过"动作时间研究"和"工程方法"来降低单位产品的直接材料成本和直接人工成本。这种制度的重点是直接成本的降低，通过精确测量和分析生产过程中的时间和动作，寻找提高效率和降低成本的机会。

（2）现代的作业成本制度

主要通过流程优化以剔除或压缩不增值作业来降低产品或服务成本。这种制度的重点在于间接成本和非制造成本的降低，通过改进生产流程、减少不必要的作业和浪费，实现成本的节约。

（3）日本的目标成本制度

在产品研发和设计阶段通过采用新技术、新工艺、新材料等降低产品成本。这种制度的重点是研发和设计阶段的成本控制，通过在产品开发的早期阶段就考虑成本控制因素，确保产品在设计阶段就达到成本目标。

（4）改进成本制度

通过在一线员工中树立主人翁意识，调动他们的积极性，从"一星一点"做起，力争产品成本"一年更比一年低"。这种制度的重点在生产阶段的成本控制，通过激发员工的成本意识，鼓励他们在生产过程中不断寻找降低成本的机会。

（5）我国的责任成本制度

通过指标责任的压力和个人利益的驱动来降低产品成本。这种制度的重点是原材料成本的降低，通过将成本控制责任落实到个人，利用个人利益驱动来降低成本。而且，还有战略成本管控系统的说法，强调成本控制标准与战略的结合。实际上，现代成本管控系统的基本点就是与战略相结合，无论是否称为战略成本管控。战略成本管控要求企业在制定成本控制标准时，要充分考虑企业的战略目标和市场环境，确保成本控制标准与企业的战略相匹配。

2. 成本管控系统的实施

实施成本管控系统需要企业建立完善的成本控制体系，包括成本控制标准的制定、成本控制责任的落实、成本控制过程的监督以及成本控制结果的考核等。在实施过程中，企业需要注重以下几点：

（1）成本控制标准的制定要科学合理，既要考虑企业的实际情况和市场环境，又要具有挑战性和可行性。

（2）成本控制责任要落实到个人，确保每个人都有明确的成本控制目标和责任。

（3）成本控制过程要加强监督和管理，及时发现和纠正成本控制中的偏差和问题。

(4)成本控制结果要进行考核和评价,对成本控制效果好的个人和部门给予奖励和激励,对成本控制效果差的个人和部门给予惩罚和约束。通过实施成本管控系统,企业可以有效地降低成本、提高效益和市场竞争力。同时,成本管控系统还可以帮助企业实现资源的优化配置和合理利用,提高企业的整体运营效率和管理水平。

3. 成本管控系统的发展趋势

(1)数字化和智能化

随着信息技术的发展和应用,数字化和智能化成为成本管控系统的重要发展趋势。企业可以利用大数据、人工智能等技术手段实现成本数据的实时采集、分析和处理,提高成本控制的准确性和效率性。

(2)跨组织和跨行业合作

面对复杂多变的市场环境和竞争态势,企业需要加强跨组织和跨行业的合作与交流,共同应对成本控制方面的挑战和问题。通过合作与交流,企业可以借鉴其他企业和行业的成功经验和做法,提高自身的成本控制水平和能力。

(3)环境成本和社会责任

随着社会对环境保护和社会责任的关注度不断提高,环境成本和社会责任也成为成本管控系统需要考虑的重要因素。企业需要在成本控制过程中注重环境保护和社会责任的履行,实现经济效益与社会效益的双赢。

(二)预算管控系统

1. 预算管控系统的功能

预算管控系统的建立旨在实现计划与控制、整合、财务资源配置及简化管理,通过制订详细的预算计划,企业能够确保各项经营活动紧密围绕战略目标展开,从而实现对企业未来发展的有效控制。预算管控系统能够将企业各层级、各单位以及各位员工有机地连接起来,形成一个统一的整体,共同为企业战略目标的实现而努力。再者,预算管控系统有助于企业合理配置财务资源,确保资源供给的及时性和充足性,同时提高资源的利用效率和效果。最后,通过预算审批授权和有效的预算监督程序设置,预算管控系统能够简化管理流程,减轻上级或预算管理者的工作负担,使其能够更专注于企业战略层面的决策。

2. 预算管控系统的编制基础与执行过程

预算编制是预算管控系统的核心环节,它分为企业整体预算编制和基于组织结构的预算编制两个层面。在企业整体上,预算编制主要是根据企业战略目标和市场环境等因素,预测未来一段时间内的财务状况、经营成果和现金流量,编制预计的三张财务报表(利润表、现金流量表和资产负债表)。这些预计财务报表为企业提供了未来发展的财务蓝图,有助于企业对各项经营活动进行科学合理的规划和安排。然而,对于大型企业来说,仅仅依靠企业整体预算编制往往难以满足精细化管理的需求。因此,这类企业通常还需要基于组织结构编制企业内部各层级、各单位的预算。这种预算编制方式能够将企业战略目标层层分解到各个责任中心,使每个责任中心都明确自己的任务目标和财务责任。通过汇总各个责任中心的预算,企业可以形成整个企业的全面预算体系,为企业的战略实施提供有力的财务保障。预算执行是预算管控系统的另一个重要环节。在预算执行过程中,企业需要密切关注实际财务状况与预算目标之间的差异,及时分析原因并采取相应措施进行调整。同时,企业还需要建立一套有效的预算监督机制,对预算执行过程进行实时监控和评估,确保各项经营活动严格按照预算计划执行。

3. 预算管控系统与责任会计的关联

预算管控系统是现代企业管理中不可或缺的一部分,它以预算为控制标准,包括利润预算、现金预算、预计资产负债表和资本预算等,旨在确保企业经营活动符合企业战略目标,实现财务资源的优化配置和高效利用。在西方国家的管理会计教科书中,责任会计通常被单独介绍为与预算管控系统并列的一个概念。然而实际上,只要按照会计项目和组织机构两个基础编制预算,就能与责任会计完全对应上。换句话说,责任会计无非是预算的执行过程。在责任会计体系下,企业内部各个责任中心需要对其所承担的财务责任进行核算、控制和报告。这些责任中心可以是成本中心、利润中心或投资中心等不同类型的责任实体。通过将预算编制与责任会计相结合,企业能够更好地实现财务资源的优化配置和高效利用,推动企业战略目标的顺利实现。

(三)平衡计分卡管控系统

1. 平衡计分卡管控系统的构成

在当今快速变化的商业环境中,企业管理面临着前所未有的挑战。为了应对这些挑战,许多企业已经转向采用更全面的业绩考核体系,其中平衡计分卡(Balanced Score Card,简称 BSC)管控系统就是一种备受推崇的方法。该系统以平衡计分卡为控制标准,将财务与非财务指标相结合,旨在实现更全面的企业管控。平衡计分卡管控系统的核心在于其控制标准——平衡计分卡。这一工具至少由财务、客户、内部业务流程、学习与成长等四类业绩考核指标构成。财务指标关注企业的经济效益和股东价值,客户指标关注客户满意度和市场份额,内部业务流程指标关注企业的内部运营效率和质量,学习与成长指标则关注企业的创新能力和员工发展。

平衡计分卡管控系统的基本目的是将企业管控系统的范围由单一的财务控制扩展为财务与非财务联合的控制。通过将财务与经营活动相结合,该系统能够更全面地反映企业经营环境的变化,以及这些变化对企业管理提出的新要求。这种综合性的控制方法有助于企业更准确地识别自身的优势和不足,从而制定更有效的战略和行动计划。值得注意的是,尽管平衡计分卡中引入了非财务指标,但财务指标及其所代表的股东价值仍然是整个系统的出发点和归宿。这是因为财务指标直接关联到企业的经济效益和长期发展,是衡量企业经营成果的最终标准。因此,在平衡计分卡管控系统中,财务指标仍然占据着举足轻重的地位。

2. 平衡计分卡管控系统的实施

实施平衡计分卡管控系统需要企业从多个层面进行考虑和操作。首先,企业需要明确自身的战略目标,并将这些目标分解为具体的、可衡量的指标。这些指标应该涵盖财务、客户、内部业务流程、学习与成长等各个方面,以确保企业的全面发展。这就需要企业建立一套完善的数据收集和分析体系,以便及时、准确地获取各项指标的实际数据,并与预算或目标数据进行对比和分析。这有助于企业及时发现问题并采取相应措施进行改进。通过奖励和惩罚等措施,激励员工积极参与平衡计分卡管控系统的实施过程,为实现企业的战略目标贡献自己的力量。平衡计分卡管控系统的优势在于其全面性和战略性。通过将财务与非财务指标相结合,该系统能够更全面地反映企业的整体运营状况和发展趋势。

3. 平衡计分卡管控系统的挑战与展望

尽管平衡计分卡管控系统具有诸多优势,但在实施过程中也面临着一些挑战与困难,而如何确定和量化非财务指标是一个难题。与财务指标相比,非财务指标往往更加抽象和难以衡量,需要企业投入更多的时间和精力进行研究和探索。在平衡计分卡中,各个指标之间往往存在着相互制约和相互影响的关系。如果处理不当,很容易导致某些指标被过度强调而忽视其他指标的发展。因此,企业需要在制定和实施平衡计分卡管控系统时充分考虑不同指标之间的平衡问题。

第三节　以组织层级为基础的管理控制系统

一、基层及其管控系统

(一)基层管控系统的作用

基层管控系统是以成本为基本控制标准构建起来的机制,其控制者通常是中层经理,而被控制者则是基层经理。这一系统的构成要素包括标准、监督和奖惩。其中,标准是衡量基层单位工作成果和成本的尺度;监督则确保基层单位按照既定标准执行工作;奖惩则根据基层单位的工作表现和成本控制成果给予相应的奖励或惩罚。然而,在现代企业运营环境下,基层管控系统的控制标准已经超越了单纯的成本范畴。除了成本标准外,还需要考虑那些能够表达成本动因的标准,如残次品数量、一次交检通过率、准时交货率等。这些非成本指标虽然看似与成本无直接关联,但实际上对成本控制具有重要影响。如果这些非成本指标不能得到有效控制,成本指标也难以达成。因此,基层管控系统的设计目的不仅在于实现成本控制,更在于通过多元控制标准提升基层单位的整体运营效率和质量。这种以成本为主导、兼顾多元控制标准的基层管控系统,有助于企业在激烈的市场竞争中以更少的投入获得更多的产出。

(二)基层管控系统的实施

实施基层管控系统需要从成本出发,按照平衡计分卡原理开发关于成本的结果控制标准;按照业务流程改进/再造原理开发关于成本的过程控制标准;并可以增加有关成本的主观控制标准。这些控制标准应该既包含财务指标,也包含非财务指标,以全面反映基层单位的运营状况和成本控制成果。在实施过程中,企业需要建立一套完善的数据收集和分析体系,以便及时准确地获取各项指标的实际数据,并与预算或目标数据进行对比和分析。同时,企业还需要建立一套有效的激励机制,将员工的个人利益与企业的整体利益紧密结合起来,激励员工积极参与基层管控系统的实施过程。基层管控系统的优势在于其全面性和战略性。通过综合考虑成本和非成本指标,该系统能够更全面地反映基层单位的运营状况和发展趋势。

(三)基层管控系统的发展趋势

企业的基层,即作业层次,是各种生产要素有机结合以产出产品或服务的核心环节。在不同类型的企业中,基层的表现形式各异,如生产线、车间、工段、柜组或项目组等。这些基层单位不仅存在于生产部门,还广泛分布于采购、销售以及各职能科室。基层管控系统作为企业管理的重要组成部分,对于实现成本控制、效率提升和战略目标达成具有至关重要的作用。与成本指标相比,非成本指标往往更加抽象和难以衡量,需要企业投入更多的时间和精力进行研究和探索。而且,如何平衡不同指标之间的关系也是一个重要问题。在多元控制标准下,各个指标之间往往存在着相互制约和相互影响的关系,如果处理不当很容易导致某些指标被过度强调而忽视其他指标的发展。随着商业环境的不断变化和企业管理的不断发展,基层管控系统也将不断完善和发展。一方面随着大数据、人工智能等技术的广泛应用,企业可以更加便捷地获取和分析各项指标的数据从而提高基层管控系统的准确性和效率性;另一方面随着企业对非成本指标的重视程度不断提高未来基层管控系统可能会进一步拓展其考核范围和内容以更全面地反映基层单位的整体运营状况和发展潜力。

二、中层及其管控系统

(一)中层的角色

在典型的企业组织结构中,中层由相对独立和完整的经营单位组成,这些经营单位通常被称为战略经营单位(SBU)或分部。每个经营单位都有自己的产品和市场,以及配套的管理体系,如财务、技术和人力资源等。中层在企业中扮演着至关重要的角色,它们不仅负责将产品或服务有效率地生产出来,还要负责将其提供给客户。然而,中层所面临的核心问题是如何实现整合,即将各经营单位、各层级、各环节、各部门和各员工有机地连接起来,共同围绕企业的总体目标运作,实现"多元同心"。中层作为企业内部相对独立和完整的经营单位,其角色具有双重性。一方面,它们是连接高层和基层的桥梁,负责将高层的战略意图转化为具体的行动计划,并指导基层实施;另一方面,它们也是企业内部的利润中心或投资中心,对本单位的成本和收入或资本效率承担责任。这种双重角色使得中层在企业管理中面临着巨大的挑战。这就需要中层实现整合,将各经营单位、各层级、各环节、各部门和各员工有机地连接起来。这需要中层具备强大的协调能力和整合能力,以确保企业内部的各个部分能够相互支持、相互协作,共同实现企业的总体目标。并且,中层需要承担利润或资本效率的责任。这意味着中层需要关注本单位的财务状况和经营成果,制定有效的战略和计划,以提高利润或资本效率。同时,中层还需要对基层的财务状况和经营成果进行监督和管理,以确保基层的工作符合企业的总体要求。

(二)中层管控系统的构成要素

中层管控系统是在分部基础上,以利润或资本效率作为基本控制标准所构建起来的机制。其控制者是高层经理,被控制者则是中层经理;其构成要素包括标准、监督和奖惩。标准是中层管控系统的核心,它是衡量中层工作成果的尺度。这些标准应该既包含财务指标,如利润、投资报酬率等,以衡量中层的经济成果;也应该包含非财务指标,如客户满意度、市场份额等,以衡量中层的市场地位和竞争力。通过这些标准,企业可以对中层的工作进行全面的评价和考核。而企业需要建立一套完善的监督机制,对中层的工作进行实时跟踪和监控,确保中层的工作符合企业的总体要求。同时,监督还可以及时发现中层工作中存在的问题和不足,为改进工作提供有力的支持。并且,企业需要根据中层的工作成果和表现给予相应的奖励或惩罚,以激励中层更加努力地工作,并约束其不良行为。通过奖惩机制,企业可以引导中层树立正确的价值观和行为准则,为企业的持续发展提供有力的保障。

(三)中层管控系统的全面实施

实施中层管控系统需要从企业的实际情况出发,根据中层的角色和挑战制定具体的实施方案。首先,企业需要明确中层的责任和权力,确保中层有足够的自主权来开展工作;其次,企业需要建立一套完善的信息反馈机制,确保高层能够及时掌握中层的工作进展和成果;最后,企业需要建立一套科学的评价和考核机制,对中层的工作进行全面的评价和考核。中层管控系统的优势在于其全面性和战略性。通过综合考虑财务指标和非财务指标,该系统能够更全面地反映中层的工作成果和表现;同时,通过关注企业的战略目标并将这些目标分解为具体指标,该系统有助于企业制定更具战略性的决策和行动计划。此外,中层管控系统还能够促进企业内部的沟通与协作,提升员工的责任意识和团队精神,为企业的持续发展提供有力的保障。

三、高层及其管控系统

(一)企业价值创造的核心

在企业组织结构中,高层管理者占据着举足轻重的地位。他们享有企业最终决策权,这一权力源自资本所有权,而资本则是企业运营的基础。高层管理者的核心使命在于为资本所有者或股东创造价值,确保企业不仅保持资本价值,更重要的是实现资本增值。然而,在现实环境中,企业所有权与管理权的分离、市场竞争的激烈性以及利益相关者意识的觉醒,都为高层管理者带来了前所未有的挑战。在这样的背景下,如何构建一套有效的高层管控系统,将股东对资本增值的要求传达给高层管理者,并贯彻到中层和基层,成为企业治理的关键所在。

(二)企业治理与高层管控系统

为了确保高层管理者的行为与股东的利益保持一致,企业需要建立一套完善的治理结构。这包括法人治理和经营治理两个层面,需要着重于关注企业运作方向是否符合股东对资本增值的要求,而经营治理则更注重如何将这些要求转化为具体的经营成果。两者之间的桥梁是企业战略,它既是法人治理的延伸,也是经营治理的起点。在这个背景下,高层管控系统应运而生。它是一套旨在确保高层管理者行为与企业战略和股东利益保持一致的管控机制。这个系统应该包括三个主要环节:股东对董事会和监事会的管控、董事会对管理层的管控以及高层管理者对中层的管控。由于第三环节在中层管控系统中已讨论过,因此这里主要关注第二环节。在管理会计中,企业高层通常被视为投资中心。这意味着他们需要对企业整体的投资或资产利用效果(如利润、经济增加值等)和效率(如每股收益、投资报酬率等)负责。为了实现这一目标,高层管控系统的控制标准需要以投资或资产的效果和效率为主导。同时,为了更全面地评估高层管理者的业绩并激励他们采取有利于企业长远发展的行为,这个系统还需要兼顾非财务控制标准(如客户满意度、市场份额等)、过程控制标准(如内部流程效率、决策过程透明度等)以及主观控制标准(如领导能力、团队合作精神等)。

(三)高层管控系统的优化

在实施高层管控系统时,企业应明确各管控主体的职责和权限,确保他们在各自领域内能够充分发挥作用,还要建立有效的信息沟通机制,确保高层管理者能够及时获取准确的信息并作出正确的决策,并要定期对高层管控系统进行评估和调整,以适应企业内外部环境的变化。为了优化高层管控系统并提高其有效性,企业要积极引入先进的管理理念和方法,如战略地图、平衡计分卡等,以帮助高层管理者更好地理解和执行企业战略,着重于加强内部培训和学习,提升高层管理者的领导力和专业素养,还要积极与外部专业机构合作,获取更多的行业最佳实践和市场动态信息。

第四节 管理会计基本方法

一、平衡计分卡

(一)业绩指标设计的模板

1. 平衡计分卡的四个视角

(1)财务视角

财务视角是平衡计分卡的出发点,体现着股东价值。它关注企业的经济效益和财务状况,包括投资报酬率、净资产报酬率、经济增加值、利润、成本等指标。这些指标直接反映了企业的盈利能力和经营成果,是股东最为关心的方面。

(2)客户视角

客户视角关注企业的市场表现和客户关系管理。它包含市场份额、客户保持率、客户满意度、客户盈利能力等指标。这些指标反映了企业在市场上的竞争地位和客户对企业的认可程度,是企业实现持续增长的关键因素。

(3)内部业务流程视角

内部业务流程视角关注企业的内部运营管理和流程优化。它包含每百万零部件残缺点(PPM)、投入产出比率、浪费、废料、返工、退货、质量成本等指标。这些指标反映了企业内部运营的效率和质量,是企业提升竞争力的重要保障。

(4)学习与增长视角

学习与增长视角关注企业的人力资源、信息资源和组织资源的发展。它包含职工满意度、职工流动率、培训、技能开发、信息准确性等指标。这些指标反映了企业的学习能力和创新潜力,是企业实现可持续发展的基础。

2. 平衡计分卡四个视角的内在逻辑关系

在企业管理中,业绩考核是衡量企业经营成果和管理效果的重要手段。基于美国企业的经验,卡普兰与诺顿提出了平衡计分卡这一综合性的业绩考核框架。该框架包括财务、客户、内部业务流程、学习与增长四个视角,每个视角都包含若干具体的业绩考核指标。这些指标不仅涵盖了企业的各个方面,而且相互之间存在内在的逻辑关系,共同构成了一个完整的考核体系。企业的最终目标是创造股东价值,而财务视角正是体现这一目标的关键。然而,在市场竞争条件下,创造股东价值的前提是创造客户价值、满足客户需要。因此,客户视角成为了平衡计分卡的重要一环。而客户价值难以直接计量,但可以通过客户需求来发现。为了满足客户需求,企业必须设计最优秀的内部业务流程。因此,内部业务流程视角成为了实现客户价值的关键支撑。同时,为了保证内部业务流程真正优秀,企业必须有配套的人力资源、信息资源和组织资源。这些资源的学习和成长能力决定了企业内部业务流程的优化和创新潜力。因此,学习与增长视角成为了支持内部业务流程优化的重要基础。

3. 平衡计分卡的意义

平衡计分卡作为一种综合性的业绩考核框架,在实际应用中具有广泛的意义。它可以帮助企业全面、系统地评估自身的经营成果和管理效果,发现存在的问题和改进的方向。同时,它还可以促进企业内部各部门之间的协作和沟通,形成共同的目标和愿景。在实际应用中,企业可以根据自身的行业特点、发展阶段和战略目标来制定平衡计分卡的具体指标和权重。通过定期的考核和反馈,企业可以及时调整战略方向和经营策略,实现持续的价值创造。而且,平衡计分卡还可以作为一种有效的沟通工具帮助企业向外部利益相关者展示自身的经营成果和管理效果。这有助于增强企业的透明度和公信力,提升企业的品牌形象和市场竞争力。

(二) 以战略地图为基础

1. 战略地图的绘制

在企业的战略转换过程中,如何确保各项措施得以有效执行并最终实现既定的战略目标,一直是困扰管理者的难题。平衡计分卡作为一种综合性的战略管理工具,为我们提供了一个全新的视角和解决方案。通过绘制战略地图、明确各项指标和目的之间的关系,以及强化执行力和预见性,平衡计分卡帮助企业将抽象的战略意图转化为具体的行动计划,从而实现股东价值的最大化。战略地图是平衡计分卡的核心组成部分,它描述了企业创造股东价值的动因或价值驱动因素。在绘制战略地图时,企业需要从财务视角出发,依次向客户、内部业务流程、学习与成长等视角延伸。这一过程中,与本级最高管理者的深入讨论是不可或缺的,以确保战略地图的切实可行和符合企业的实际情况。在确定指标时,我们需要明确一点,指标是根据目的推导出来的,而目的则是根据战略地图确定的。因此,指标的选取必须紧密围绕企业的战略目标,确保每一项指标都能反映企业在某一方面的绩效表现。例如,在加快飞机地面周转速度这一战略目标下,我们可以选取飞机地面周转时间、员工操作技能水平、信息系统支持程度等指标来衡量企业的绩效表现。

2. 学习与成长视角的支撑作用

要实现加快飞机地面周转速度这一目标,除了优化内部业务流程外,还需要得到学习与成长视角的支撑。这包括具备活动梯凳操作技能的员工、可以迅速准确排列员工时间表的计算机系统以及将地勤人员整合起来的组织文化等因素。这些因素都是股东价值的驱动因素,其中最根本的是人力资源、信息资源和组织资源。人力资源方面,企业需要通过培训和技能开发来提高员工的操作技能水平和综合素质,确保他们具备完成目标任务所需的能力。信息资源方面,企业需要构建高效的信息系统来支持内部业务流程的优化和决策的制定。组织资源方面,企业需要塑造一种积极向上、团结协作的组织文化来激发员工的归属感和创造力。

3. 平衡计分卡提升执行力

平衡计分卡不仅是一种战略管理工具,还是一种全新的管理思维方式。它有助于管理者提高执行力和预见性,确保各项措施得以有效执行并最终实现既定的战略目标。在提高执行力方面,平衡计分卡通过明确各项指标和目的之间的关系以及责任归属来强化员工的责任感和使命感。这使得员工能够更加清晰地了解自己的工作任务和目标要求,从而更加积极主动地投入到工作中去。同时,平衡计分卡还提供了定期的考核和反馈机制来评估员工的工作表现并及时调整行动计划以确保目标的实现。在提高预见性方面,平衡计分卡考虑了不同价值驱动因素之间的时间差异。例如客户因素可能很快就反映到财务视角上,而学习与成长因素则需要较长的时间才能通过流程和客户反映到财务视角上。因此当我们发现人力资源因素向着负面变化的时候,如果不予以改变迟早会影响到财务视角。这就要求管理者在制订战略计划时充分考虑到各种因素的变化趋势,及其对企业未来绩效的影响,从而制定出更加合理有效的应对措施来应对可能出现的风险和挑战。

二、业务流程改进/再造

(一)作业、流程与组织

1. 组织、流程与作业的层级性

在企业管理和运营中,组织、流程、作业、任务、步骤和动作等概念构成了一个从一般到具体的树状图,形成了全新的组织结构。这些概念不仅具有层级性,而且相互关联,共同支撑着企业的运作。正是由于这些特点,业务流程

改进或再造才有可能将现代企业管理深化到更加微观的层面,实现信息技术与管理过程的深度融合。组织是企业运作的顶层结构,它由不同的流程和作业链组成。流程是为达成特定目的而按顺序联系起来的作业,它有明确的开始和结束,以及明确的投入和产出。作业则是具有特定目的的工作单元,是流程中的基本构成元素。在组织内部,相互联系的作业形成了作业链;而在企业外部,与企业相关的作业则构成了供应链。当这些作业链或供应链得到优化时,它们就被称为价值链。而作业的层级性体现在它可以被细分为任务,任务再被细分为步骤,步骤再被细分为具体的动作。这种层级性使得企业的管理和运营可以被拆解到非常具体的层面,有助于管理者更加清晰地了解企业的运作细节,从而做出更加精准的决策。

2. 业务流程改进与再造的可能性

正是由于组织、流程与作业具有层级性和可分解性,业务流程改进或再造才有可能实现。通过对现有流程进行深入分析,管理者可以发现其中存在的问题和瓶颈,进而提出有针对性的改进措施。这些改进措施可能包括简化流程、优化作业顺序、提高作业效率等。在极端情况下,当现有流程存在根本性问题时,企业可能需要进行业务流程再造。这涉及到对企业运作模式的全面重构,旨在打破传统束缚,实现管理创新和突破。通过业务流程再造,企业可以建立起更加灵活、高效和适应市场需求的运营模式。

3. 信息技术与管理过程的深度融合

在现代企业中,信息技术已经成为管理过程不可或缺的一部分。通过将信息技术应用于组织、流程、作业等各个层面,企业可以实现更加高效、精准的管理。例如,利用信息系统对流程进行监控和优化,可以提高流程的透明度和可控性;利用大数据技术对作业数据进行分析和挖掘,可以发现潜在的问题和改进空间;利用人工智能技术对任务进行自动化处理和智能分配,可以提高工作效率和准确性。信息技术与管理过程的深度融合还体现在企业对于数字化、智能化转型的追求上。通过引入先进的数字化技术和智能化设备,企业可以实现对组织、流程、作业等各个层面的全面升级和改造。这将有助于企业提高竞争力、降低成本、提升客户满意度等多方面目标的实现。

(二)流程的绘制与种类

1. 绘制流程的目的

绘制流程的首要目的是确保企业能够实现其特定目标。在制造业企业中,经营流程的目的通常是获得销售收入。为实现这一目标,企业需要明确一系列相关作业,如承接订单、准备生产要素、生产、配送和收回货款等。这些作业的顺序和连接方式对企业目标的实现具有决定性影响。通过绘制流程,企业可以更加清晰地了解各项作业之间的关系和依赖性,从而优化资源配置,提高运作效率。此外,流程绘制还有助于发现潜在的问题和瓶颈,为企业的持续改进和创新提供有力支持。

2. 作业界定与连接方法

在绘制流程时,作业界定是关键的一步。它涉及识别和定义实现特定目标所需的具体工作单元。管理实务中常用的作业界定方法包括观察法、访谈法和头脑风暴法。这些方法各有优缺点,但共同目标都是确保作业的准确性和完整性。将界定的作业连接起来形成完整流程同样重要。最常用的连接方法是投入产出法。它基于作业的投入和产出关系,将各项作业有序地串联起来。例如,在制造业企业的经营流程中,"准备生产要素"作业的产出是生产要素,这些要素成为"生产"作业的投入;而"生产"作业的产出是完工产品,这些产品又成为"配运"作业的投入。通过这种方式,企业可以构建一个逻辑清晰、高效运作的流程体系。

3. 流程图的类型与应用

根据表达形式的不同,流程图可分为框图、标准流程图、职能流程图和地理流程图等四种类型。这些类型各有特点和应用场景。框图是一种简洁明了的流程图形式,它将相关作业用长方形框表示,并用线段连接各个框以表示作业间的顺序和关系。框图适用于初步描绘流程概貌和快速理解作业间关系的场景。标准流程图是根据美国国家标准中心(ANSI)规定的 12 种绘图符号绘制的流程图。它具有规范化、标准化的特点,能够准确地描述复杂流程中的各个环节和细节。标准流程图适用于需要精确描述和深入理解流程的场景,如制造业企业的生产线流程、软件开发流程等。职能流程图将当事人融入流程图中,能够清楚地表明每个当事人所承担的作业或职能。这种流程图形式有助于明确责任分工和协作关系,提高团队协同效率。职能流程图适用于强调人员角色和职责的场景,如组织架构调整、岗位职责明确等。

地理流程图则是将执行作业的每个地理位置连接起来形成的流程图。它强调地理位置对流程执行的影响和约束条件,有助于优化物流配送、供应链管理等跨地域协作的场景。地理流程图适用于涉及多个地点或区域的复杂流程描述和分析。

(三)流程优化

1. 流程优化的基本概念

流程优化是指对企业内部或跨企业的业务流程进行系统性分析、设计、改进和监控,以达到提高绩效、减少浪费和增加价值的目的。在这个过程中,关键是要识别并区分增加价值作业和非增加价值作业。增加价值作业是指那些能够直接满足客户需要、实现业务目标或增加企业价值的作业;而非增加价值作业则是指那些既不能满足客户需要,也无助于实现业务目标的作业。流程优化的核心在于以客户需要为导向,对业务流程进行全面梳理和分析。这要求企业深入了解客户的需求和期望,并以此为基础来评估和优化各项作业。通过剔除非增加价值作业、压缩非必要环节、提高作业效率等方式,企业可以显著提升流程的效果和效率。

2. 基于价值增加的作业评估方法

(1)确定评估标准

以客户需要和业务目标为基础,制定明确的评估标准。这些标准应当具有可衡量性和可操作性,以便对各项作业进行客观、准确的评价。

(2)识别增加价值作业

根据评估标准,对流程中的各项作业进行逐一分析。识别出那些能够直接满足客户需要、实现业务目标或增加企业价值的作业,将它们归类为增加价值作业。

(3)识别非增加价值作业

同样地,根据评估标准,识别出那些既不能满足客户需要,也无助于实现业务目标的作业。这些作业可能包括冗余环节、无效劳动、等待时间等,它们都是流程优化的重点对象。

(4)优化作业管理

针对识别出的增加价值作业和非增加价值作业,采取不同的管理策略。对于增加价值作业,应当重点关注其效率和质量,确保它们能够持续稳定地为客户和企业创造价值。对于非增加价值作业,则应当寻求剔除或压缩的方法,以减少资源浪费和提高流程效率。

3. 流程优化的实践与应用

通过培训、宣传和实践等方式,企业可以逐渐建立起一种注重流程优化、追求持续改进的文化氛围。在实践过程中,企业可以借鉴哈林顿归纳的 11 种流程优化方法,如增值评估、简化、缩减周期时间等。这些方法既可以单独使用,也可以组合使用,以达到最佳的优化效果。同时,企业还可以根据自身的实际情况和需求,创新和发展适合自己的流程优化方法。通过流程优化,企业可以实现多个方面的目标:提高客户满意度、降低成本、缩短交货周期、减少库存等。这些目标不仅有助于提升企业的竞争力和市场地位,还能够为企业创造更多的商业机会和利润空间。因此,流程优化应当成为企业管理中不可或缺的一部分,持续推动企业向更高效、更灵活、更具创新力的方向发展。

第三章 管理会计数字化转型的路径

第一节 传统管理会计面临的挑战

一、当前经济环境变化对传统会计管理的影响

(一)经济全球化的深入发展

随着国际贸易和投资的自由化便利化,企业之间的竞争已经超越了国界,形成了全球范围内的竞争格局。这种变化对传统会计管理产生了深远的影响。传统会计管理主要关注企业内部的财务状况和经营成果,而经济全球化则要求会计管理更加关注外部环境的变化和竞争对手的动态。企业需要收集和分析全球范围内的财务信息,了解不同国家和地区的会计准则和税收政策,以便做出更加准确的决策。同时,企业还需要加强对跨国交易和外汇风险的会计管理,确保财务信息的准确性和可靠性。经济全球化的深入发展还推动了企业之间的合作与并购活动。这使得会计管理面临更加复杂的组织结构和业务模式。企业需要合并不同国家和地区的财务报表,处理不同会计准则之间的差异,以确保财务信息的可比性和一致性。同时,企业还需要加强对并购过程中的财务风险和合规性问题的管理,防范潜在的财务风险和法律风险。

(二)信息技术的快速发展

随着互联网、大数据、人工智能等技术的快速发展,企业之间的信息传递和处理方式发生了巨大的变化。这种变化对传统会计管理也产生了深远的影响。信息技术提高了会计管理的效率和准确性,通过自动化和智能化的会计处理软件,企业可以更加快速、准确地完成记账、报表编制等基础工作,减轻了会计人员的工作负担,提高了工作效率。同时,信息技术还可以帮助企业实时监控财务状况和经营成果,及时发现和解决问题,提高了会计管理的时效性和针对性。而且,信息技术丰富了会计管理的内容和手段,通过互联网和大数据技术,企业可以收集和分析更加广泛、深入的财务信息和非财务信息,为企业决策提供更加全面、准确的数据支持。并且,信息技术还可以帮助企业构建更

加灵活、高效的财务管理系统,实现财务与业务的无缝对接和协同工作。随着网络安全风险的日益加剧,企业需要加强对财务信息的保护和管理,防止信息泄露和被攻击。这就需要企业加强对信息系统的安全审计和监控,确保信息系统的可靠性和稳定性。

二、传统管理会计所面临的挑战与困难

(一)全球化背景下的挑战

1.跨国公司的财务复杂性增加

在全球化的浪潮下,企业不再局限于某一国家或地区,而是将业务拓展至世界各地,形成跨国公司。这种跨地域、跨文化的经营模式为传统管理会计带来了前所未有的挑战。首先,跨国经营意味着企业需要面对多样化的市场环境、法律法规和税收政策。这些因素直接影响了企业的财务状况和经营成果,使得管理会计在提供决策支持时需要考虑更多变量和不确定性。而且,跨国公司的组织结构通常更为复杂,可能包括多个子公司、合资企业或联营公司。这些实体之间的交易和往来需要进行合并报表编制、内部关联交易调整等复杂会计处理。这不仅增加了管理会计的工作量,还对其准确性和时效性提出了更高要求。并且,跨国经营还涉及多种货币和语言的处理。不同国家和地区的货币汇率波动、通货膨胀率差异等因素都会对企业的财务状况产生影响。管理会计需要关注这些变化,并及时调整相关策略和措施,以确保企业财务的稳健性和可持续性。

2.货币波动与外汇风险管理

全球化背景下,货币波动成为影响跨国公司经营成果的重要因素之一。汇率的微小变动都可能导致企业盈利的大幅波动,甚至可能引发严重的财务风险。传统管理会计在应对货币波动方面面临着巨大挑战。这就需要管理会计密切关注国际货币市场的动态,及时掌握各国货币汇率的变化趋势,要求管理会计人员具备丰富的金融知识和敏锐的市场洞察力。然而,由于汇率受多种因素影响,如政治、经济、社会等,预测其走势并非易事。并且,管理会计需要制定有效的外汇风险管理策略。这包括选择合适的外汇交易方式、利用金融衍生工具进行套期保值、优化币种结构等。然而,这些策略的实施需要权衡成本和收益,同时还需要考虑企业的风险承受能力和战略目标。而且,管理会计还需要在企业内部建立完善的外汇风险管理制度和流程。这包括明确外汇风险管理的目标、原则和方法,建立风险识别、评估、监控和报告机制等。这些

制度和流程的执行需要得到企业高层领导的支持和推动,同时也需要员工的积极参与和配合。

3. 国际会计准则与本地实践的协调

随着全球化的深入发展,国际会计准则(IFRS)逐渐成为全球通用的会计准则。然而,在各国和地区实施 IFRS 的过程中,由于监管要求和文化差异等因素的影响,仍然存在许多本地化的会计实践。这使得传统管理会计在协调国际会计准则与本地实践方面面临着挑战。这就需要管理会计深入了解 IFRS 的基本原则和具体规定,以及各国和各地区在实施 IFRS 过程中的特殊要求和解释。这需要管理会计人员具备扎实的会计理论知识和广泛的国际视野。然而,由于 IFRS 不断更新和完善,保持对最新准则的跟踪和学习成为一项持续的任务。在遵循 IFRS 的基础上,结合企业的实际情况和本地环境进行灵活应用。这要求管理会计人员具备丰富的实践经验和敏锐的判断力。然而,在某些情况下,遵循 IFRS 可能与企业的利益或本地法规产生冲突,如何平衡这些关系成为管理会计面临的难题。并且,管理会计还需要在企业内部推动会计准则的统一和规范化。这包括制定符合 IFRS 要求的会计政策和程序、培训员工掌握相关知识和技能、建立有效的内部控制和审计机制等。这些工作的实施需要得到企业高层领导的支持和各部门的配合,同时也需要管理会计人员具备良好的沟通和协调能力。

(二)技术进步带来的挑战

1. 自动化和人工智能在会计中的应用

随着科技的飞速发展,自动化和人工智能技术在会计领域的应用日益广泛,对传统管理会计带来了深刻的挑战。自动化技术的引入使得许多原本需要人工操作的会计流程得以自动化处理,大大提高了工作效率和准确性。例如,通过自动化软件,企业可以实现自动记账、自动生成财务报表等功能,极大地减轻了会计人员的工作负担。而自动化技术的应用也对管理会计人员的技能要求提出了新的挑战。传统的会计人员需要掌握扎实的会计理论知识和实践技能,而自动化技术的引入则要求他们还必须具备信息技术和数据分析等方面的能力。此外,自动化技术还可能导致一些传统会计岗位的消失或转型,要求会计人员不断学习和更新自己的知识体系,以适应新的工作环境。随着人工智能技术在会计领域的深入应用,通过机器学习和深度学习等技术,人工智能可以模拟人类的思维方式和决策过程,对复杂的会计问题进行分析和判断。例如,人工智能可以通过分析大量的财务数据和市场信息预测企业的未来发展趋势和潜在风险,为管理决策提供有力的支持。人工智能技术的引入对管理会计的影响是深远的。它不仅可以提高会计信息的准确性和时效性,还可以帮助管理人员更好地理解和利用会计信息,提高决策的科学性和有效性。但同时也对管理会计人员的专业素质和综合能力提出了更高的要求。他们需要掌握先进的信息技术和数据分析方法,具备创新思维和跨界融合的能力,以更好地应对人工智能带来的挑战和机遇。

2. 大数据对决策支持的影响

在信息化时代,大数据技术的兴起为企业提供了前所未有的数据获取、存储和分析能力,对管理会计的决策支持功能产生了深远的影响。大数据技术可以帮助企业收集和分析各种来源的数据,包括财务数据、市场数据、客户数据等,为企业提供更全面、更深入的信息支持。通过大数据分析,企业可以发现隐藏在数据中的规律和趋势,揭示市场机会和潜在风险,为管理决策提供有力的依据。大数据技术处理的数据量巨大且类型复杂多样,这就要求管理会计人员具备高效的数据处理和分析能力。并且,大数据分析中涉及的算法和模型往往较为复杂且不断更新变化,要求管理会计人员具备持续学习和创新的能力。而且,大数据技术的应用还涉及数据安全和隐私保护等问题,要求管理会计人员在利用大数据的同时也要关注数据安全和合规性。

3. 云计算在会计信息系统中的角色

云计算可以帮助企业构建灵活可扩展的会计信息系统,实现财务数据的集中存储和共享访问。通过云计算平台,企业可以随时随地访问财务数据和应用会计软件进行处理分析工作,大大提高了工作效率和便捷性。同时云计算服务提供商还可以提供专业的技术支持和安全保障服务,确保企业财务数据的安全性和可靠性。首先,需要企业选择合适的云计算服务提供商并与其建立长期稳定的合作关系以确保服务的连续性和稳定性;其次,企业需要制定完善的数据迁移和备份策略以防止数据丢失或损坏;最后,企业还需要加强员工的信息安全意识和培训,以确保云计算平台的安全使用和管理。

（三）变革性商业模式的挑战

1. 从产品导向到服务导向的转变

随着市场竞争的加剧和消费者需求的多样化,越来越多的企业开始从产品导向转向服务导向。这一转变对于传统管理会计来说,意味着需要从以产品为中心的成本控制和收入核算,转变为以服务为中心的价值管理和收益实现。在产品导向模式下,企业的主要关注点是产品的生产和销售,成本控制和收入核算相对简单明了。然而,在服务导向模式下,企业的主要价值来源于提供的服务,而这些服务往往是无形的、个性化的,并且与客户的互动密切相关。这就要求管理会计能够更加灵活地跟踪和分析服务过程中的成本和收入,以及客户满意度和忠诚度等非财务指标。为了实现从产品导向到服务导向的转变,管理会计需要建立以客户为中心的成本核算体系,将服务过程中的所有成本都与客户关联起来,以便更准确地衡量每个客户的盈利性,还要采用多元化的收入确认方法,根据服务的性质和合同条款来确定收入的确认时点和金额,并加强对非财务指标的关注和分析,如客户满意度、客户保持率等,以全面评估企业的服务质量和市场竞争力。这一转变对管理会计人员的思维方式和技能也提出了新的要求。他们不仅需要具备扎实的会计和财务知识,还需要具备市场营销、客户关系管理等领域的知识,以便更好地理解和分析服务业务。同时,他们还需要具备较强的沟通能力和团队合作精神,以便与业务部门和客户保持良好的沟通和协作。

2. 共享经济对成本结构和收入确认的影响

在共享经济模式下,企业不再拥有所有的资源和资产,而是通过共享平台来整合和利用社会上的闲置资源。这种模式的出现对成本结构和收入确认产生了深远的影响。在成本结构方面,共享经济模式使得企业的固定成本大幅降低,而变动成本则成为主要的成本构成。这是因为企业不再需要购买和维护大量的固定资产,而只需要支付共享资源的使用费用。这就要求管理会计能够更加精确地跟踪和分析变动成本,以便为企业提供更加准确的成本信息和决策支持。在收入确认方面,共享经济模式也带来了新的挑战。由于共享经济的交易往往具有碎片化、高频次的特点,并且涉及多个参与方和复杂的合同条款,这就使得收入的确认变得更加困难和复杂。管理会计需要采用新的方法来确认和计量收入,如基于交易的确认方法、基于时间的确认方法等,以确保收入的准确性和完整性。

3. 数字化转型中的资本投入

数字化转型对于传统管理会计来说,意味着需要从以纸质账本和手工操作为主的管理方式转变为以数字化技术和自动化工具为主的管理方式。在数字化转型过程中,企业需要投入大量的资本用于购买和更新数字化设备、软件和系统。这些资本投入不仅金额巨大,而且风险也较高。管理会计需要采用新的方法来评估和管理这些资本投入,如基于云计算的成本效益分析方法、基于大数据的风险评估方法等,以确保资本投入的有效性和安全性。同时,数字化转型也带来了价值衡量的挑战。在传统模式下,企业的价值主要来源于有形资产和财务指标;但在数字化转型模式下,企业的价值更多地来源于无形资产和非财务指标,如数据资产、品牌影响力、客户体验等。这就要求管理会计能够采用新的方法来衡量和评估这些无形资产和非财务指标的价值,如基于用户行为的数据分析方法、基于社交媒体的品牌价值评估方法等。

(四)人才与知识管理的挑战

1. 技能差距与持续教育需求

随着企业环境的不断变化和技术的持续进步,传统管理会计领域面临着显著的技能差距。这一差距不仅体现在现有会计人员所掌握的知识与实际需求之间的不匹配,还表现在新技术、新方法的不断涌现对会计人员提出的更高要求。传统管理会计人才往往擅长于日常的账务处理、报表编制等基础性工作,但在数据分析、决策支持、风险管理等高端技能方面可能存在不足。这种技能上的差距在信息化、数字化时代尤为明显,因为现代企业需要的不仅是能够处理日常会计事务的人才,更需要那些能够运用先进技术进行财务分析、预测和决策支持的复合型人才。为了弥补这一技能差距,持续教育变得尤为重要。会计人员需要不断更新自己的知识体系,学习新的会计准则、税法法规以及掌握信息技术在会计领域的应用。企业和行业组织也应该加强对会计人员的培训和再教育,提供有针对性的课程和实践机会,帮助他们提升技能、拓宽视野。并且,建立一种鼓励学习和创新的组织文化也是至关重要的。企业应该为会计人员提供足够的学习资源和时间,鼓励他们参与各种专业培训和学术交流活动,以不断提升自己的专业素养和综合能力。

2. 吸引和留住顶尖会计人才

为了吸引顶尖会计人才,企业需要提供具有竞争力的薪资待遇、良好的工作环境和广阔的职业发展空间,还可以通过与知名高校和研究机构建立合作关系,共同培养高端会计人才;或者通过设立奖学金、实习机会等方式,提前锁定优秀的人才资源。不仅需要吸引顶尖会计人才,留住顶尖会计人才才是关键,这就需要企业注重员工的个人发展和职业满足感。企业可以为员工提供多元化的职业发展路径,让他们在不同的岗位和项目中锻炼成长;同时,还可以建立完善的激励机制和福利体系,以增强员工的归属感和忠诚度。积极向上、富有创新精神的企业文化可以激发员工的创造力和工作热情;而僵化、保守的企业文化则可能导致优秀人才的流失。因此,企业需要不断塑造和优化自己的企业文化,使之成为吸引和留住顶尖会计人才的重要支撑。

3. 知识共享与传承的机制

在传统管理会计领域,知识的共享和传承对于提升整个团队的能力和效率具有重要意义。然而,由于种种原因,如人员流动、信息孤岛等,知识的共享和传承往往面临诸多挑战。为了建立有效的知识共享与传承机制,企业需要营造一个开放、包容的学习氛围。鼓励员工之间进行交流、分享经验和心得;同时,还可以通过定期组织内部培训、研讨会等活动,促进不同部门和岗位之间的知识交流。而且,企业需要建立一套完善的知识管理体系。这包括知识的收集、整理、存储和更新等环节。通过现代信息技术手段,如企业内部网、知识库等,实现知识的快速检索和共享,还需要对知识进行分类和标签化,以便员工能够更方便地找到所需的信息。为了确保知识的有效传承,企业还需要关注员工的职业发展规划和继任计划。通过为关键岗位制定明确的职责和技能要求,以及为潜在继任者提供必要的培训和支持,确保在关键人员离职或岗位变动时,相关的知识和经验能够得到有效的传递和继承。

第二节 数字化转型的必要性与可行性

一、数字化转型对管理会计的意义

(一)提高决策效率与准确性

数字化转型通过引入大数据、人工智能等先进技术,极大地提升了管理会计的数据处理能力和分析水平。过去,管理会计可能受限于手工操作和数据来源的单一性,难以对海量数据进行有效整合和深入挖掘。而在数字化转型后,管理会计可以利用高效的数据管理系统和分析工具,对多维度、多来源的数据进行实时采集、清洗、整合和挖掘,从而为企业提供更准确、更全面的数据支持。这些数据不仅可以反映企业过去的经营成果,还能预测未来的发展趋势和潜在风险。基于这些数据,管理会计可以为企业的战略决策、预算编制、成本控制等提供更有说服力的依据和建议,进而提高决策的效率和准确性。同时,数字化转型还使得管理会计能够更加灵活地应对市场变化和客户需求,及时调整经营策略和业务模式,保持企业的竞争优势。

(二)优化资源配置与成本控制

在传统模式下,管理会计可能难以准确掌握企业内部的资源分布和使用情况,导致资源配置不合理和成本浪费。而在数字化转型后,管理会计可以通过对各项资源的数字化标识和跟踪,实时了解资源的状态、位置和使用情况,从而实现资源的优化配置和有效利用。同时,数字化转型还使得管理会计能够对成本进行更精细化的核算和控制。通过对生产过程中的每一个环节进行数字化监控和分析,管理会计可以准确识别成本的主要驱动因素和控制点,进而采取有效的成本控制措施,降低浪费和损耗。这不仅有助于提升企业的成本竞争力,还能为企业的可持续发展奠定坚实的基础。

(三)推动管理创新

在传统模式下,管理会计可能更多地关注内部的核算和控制职能,而忽视了其在企业价值创造过程中的重要作用。而在数字化转型后,管理会计可以通过对海量数据的挖掘和分析,发现新的商业模式、市场机会和客户需求,从而为企业创造新的价值增长点。同时,数字化转型还使得管理会计能够更加深入地参与到企业的战略规划和业务创新中。通过与业务、研发等部门共同探索新的市场领域、开发新的产品或服务、设计新的业务流程,推动企业的整体创新能力和市场竞争力不断提升。此外,数字化转型还为管理会计提供了更多的职业发展机会和空间,使其能够不断学习和掌握新的知识和技能,保持与时俱进的职业素养和能力。

二、传统管理会计面临的局限性

(一) 信息处理效率低下

1. 数据处理方式落后

传统管理会计在处理信息时,往往采用手工或半手工的方式,这种方式在处理大量数据时效率低下,且容易出错。随着企业规模的扩大和业务范围的增加,需要处理的数据量呈指数级增长,传统的手工或半手工处理方式已经无法满足企业的需求。并且,传统管理会计的数据处理方式还缺乏灵活性和实时性,无法及时反映企业的经营状况和变化,导致企业决策层在做出决策时缺乏准确的数据支持。

2. 信息系统孤岛现象严重

传统管理会计中,各个部门和业务流程之间的信息系统往往相互独立,形成了所谓的"信息孤岛"。这些孤岛之间的数据无法共享和互通,导致企业在处理信息时需要花费大量的时间和精力进行数据的收集、整理和核对。这种重复性的劳动不仅浪费了企业的人力资源,还增加了数据出错的风险。同时,信息孤岛现象还阻碍了企业内部的协作和沟通,降低了企业的整体运营效率。

3.缺乏先进的数据分析工具和技术

传统管理会计在处理信息时,往往只关注数据的收集和整理,而忽视了对数据的深入分析和挖掘。这主要是因为传统管理会计缺乏先进的数据分析工具和技术,无法对海量数据进行有效的处理和分析。在这种情况下,企业决策层只能根据有限的数据进行决策,而无法全面、深入地了解企业的经营状况和潜在风险。这可能导致企业错过重要的市场机会,或者做出错误的决策,给企业带来巨大的损失。

(二)数据分析维度单一

1.数据维度单一且孤立

传统的管理会计在进行数据分析时,往往侧重于财务数据的核算与解析,如成本、收入、利润等基本财务指标,这些数据维度较为单一,无法全面反映企业的运营状况和市场竞争力。它未能有效整合非财务信息,如客户满意度、员工效能、供应链效率等,这些非财务维度的数据对于企业决策具有同等甚至更高的价值。因此,这种只关注财务数据的做法容易导致管理层在制定战略时忽视了企业的全方位运营情况,降低了决策的有效性和精准度。

2.缺乏动态实时性

传统管理会计数据处理周期较长,通常基于历史数据进行定期报告,难以满足现代企业管理对实时决策支持的需求。在瞬息万变的商业环境中,滞后性的数据无法及时反映企业当前的运营状态和市场变化,从而限制了管理会计对业务活动的指导作用和对企业未来发展的预见能力。

3.缺乏深度挖掘与预测能力

传统管理会计的数据分析方法大多停留在描述性分析阶段,即对已发生的经济活动进行事后总结和评价,而对数据背后隐藏的趋势、关联性和因果关系的探索不足,更不用说利用先进的建模技术和算法进行预测性或规范性分析。这使得企业在面对复杂的经营环境和激烈的市场竞争时,无法充分利用数据资源来优化资源配置、降低成本、提高效益,也无法提前预判风险并制定有效的应对策略。

(三)面临新兴技术环境下的适应性问题

1.数据处理能力与信息集成方面的局限

随着大数据、云计算和人工智能等新兴技术的发展,企业所处的商业环境正经历前所未有的信息化变革。传统管理会计系统往往侧重于结构化财务数据的处理分析,而面对海量、多源且快速变化的非结构化数据时,其处理能力显得力不从心。同时,传统体系难以实现跨部门、跨系统的数据集成与共享,使得企业在进行决策时无法充分利用这些实时、全面的信息资源,从而影响了管理会计对复杂业务场景的理解与应对。

2. 智能化工具与方法的应用滞后

新兴技术环境下,智能分析、预测模型以及自动化报告等功能日益成为财务管理的重要支撑。然而,传统管理会计在运用这些先进工具和技术手段方面存在显著滞后性,依然依赖人工进行大量的基础核算与报表编制工作,效率较低且易出错。这不仅加大了人力成本,也制约了管理会计职能的深度拓展和价值创造潜力的释放。

3. 战略导向与创新思维的不足

在新兴技术驱动的商业模式创新和产业转型过程中,传统管理会计更多地关注历史数据和既定规则下的经营控制与绩效评价,而对于未来趋势的预见、创新风险的评估以及灵活应变的战略规划等方面则相对薄弱。这种偏重短期、静态和内向视角的特点,在高度不确定性和快速迭代的现代商业环境中,可能使企业在竞争中处于被动地位,难以抓住发展机遇并有效规避潜在风险。

三、传统管理会计数字化转型的必要性

(一)提升财务管理效率与效果

1. 成本控制与资源配置优化

传统管理会计通过对各项经济活动的成本进行精细化核算和分析,能够帮助企业深入理解成本结构,明确成本动因,并通过标准成本法、作业成本法等工具找出降低成本、提高效益的途径。并且,通过对不同产品、部门或业务单元的成本效益分析,管理会计可协助企业合理配置资源,确保资金流向最具价值创造潜力的领域,从而有效提升企业的经济效益和整体竞争力。

2. 绩效评估与激励机制构建

传统管理会计不仅关注财务数据,还注重非财务指标的引入,如客户满意度、员工效能、生产效率等,以此为基础建立多维度的绩效评价体系。这种全面的绩效评估有助于管理层了解各个层级的实际运营状况,发现问题并及时调整策略。同时,根据科学合理的绩效评价结果,企业可以设计出更为有效的激励机制,激发员工积极性,促进组织目标的达成,进一步提升财务管理效率与效果。

3. 决策支持与战略规划

传统管理会计通过编制预算、实施差异分析以及进行盈亏平衡点分析等多种手段,为管理层提供实时、准确的决策依据,助力企业在日常经营管理和长期战略规划中做出明智选择。比如,滚动预算可以帮助企业实现动态管理,及时应对市场变化;而基于历史数据分析的趋势预测,则有利于企业预见未来的风险与机遇,提前布局,规避潜在损失,抓住发展契机。这些都体现了管理会计在提升财务管理决策质量和战略执行效果方面的核心价值。

(二)实现数据驱动的精准决策

1. 提升数据处理与分析能力

随着大数据时代的到来,企业内部及外部产生的数据量呈现爆炸式增长。传统管理会计受限于人工处理和单维视角,无法有效利用这些海量且多元的数据资源,难以实现深度洞察与精准预测。通过数字化转型,管理会计可以借助云计算、人工智能以及高级分析工具等先进技术手段,实时采集、整合并分析各类结构化和非结构化的业务数据,从而提供更为全面、准确且具有前瞻性的决策依据。

2. 优化财务管理流程

数字化转型能够推动管理会计工作模式的革新,将烦琐的手工操作自动化,例如自动化的财务报告生成、智能化的成本控制与预算编制等。这不仅大大提升了财务管理的工作效率,减少了人为错误,还使得财务团队能从日常事务性工作中解放出来,更多地参与到战略规划、风险管控以及业务支持等更高层次的价值创造活动中。

3. 强化企业战略导向与竞争力

数字化转型下的管理会计不再局限于传统的财务指标分析,而是通过构建数据驱动的决策体系,帮助企业更好地理解市场趋势、客户需求以及自身运营状况。通过实时动态监测关键绩效指标,并结合内外部环境变化及时调整经营策略,企业得以在激烈的市场竞争中快速响应,精准定位并抢占先机。而且,数字化管理会计还能助力企业挖掘潜在的增长点,优化资源配置,进一步提升企业的整体竞争力。

(三)适应企业信息化、智能化发展趋势

1. 响应企业全面信息化建设需求

随着信息技术的快速发展和广泛应用,企业已从单一业务环节信息化向

全面信息化转变。传统的管理会计体系主要依赖人工处理大量财务信息,数据获取与分析效率低下,无法满足现代企业对实时、准确、高效的信息需求。通过数字化转型,管理会计能够实现与企业其他部门信息系统无缝对接,打破数据孤岛,实现实时的数据采集、传输、整合与共享,从而提升财务管理的信息化水平,更好地服务于企业的整体战略目标。

2. 提升决策支持的精准度与效率

信息化时代下的企业管理决策需要基于海量、多维度的数据分析结果,而传统管理会计往往局限于历史财务数据的静态分析,难以适应快速变化的市场环境和竞争态势。通过数字化转型,管理会计可以借助大数据、云计算等先进技术手段,深入挖掘并智能分析各类内部运营数据与外部市场数据,为管理层提供更为精准、前瞻性的决策依据,显著提高决策质量和速度。

3. 推动企业智能化升级

在智能化发展趋势下,企业不仅追求高效的运营管理,更致力于构建智能决策、智能生产和服务的新型商业模式。数字化转型使得管理会计能更好地融入企业智能化进程,通过对内外部数据的深度学习和预测模型应用,优化资源配置、控制成本、防范风险,进一步推动企业创新能力的提升和核心竞争力的塑造。

(四)提高企业核心竞争力与可持续发展能力

1. 驱动企业决策科学化

数字化转型下的管理会计不再局限于传统的财务报表分析,而是能够利用大数据、云计算等先进技术手段,实时收集并深度挖掘各类业务数据,构建全面、立体的数据视图。这种转变使得管理会计能够从海量数据中提炼关键信息,提供更为准确、及时且具备前瞻性的决策支持。通过数据驱动的决策模式,企业能够在瞬息万变的市场环境中快速反应,降低决策失误风险,从而提升企业的战略执行力和市场竞争力。

2. 优化资源配置,提升运营效率

数字化转型能够实现管理会计流程自动化,减少人工干预,大幅提升财务管理效率。例如,通过智能预算系统、自动化的成本控制工具等,企业能有效降低财务管理成本,同时更精准地控制各项资源投入。而且,通过对数据进行实时监控与动态分析,企业可以快速识别出运营过程中的低效环节,并有针对性地采取改进措施,从而优化整体资源配置,增强运营效能,进一步提升企业盈利能力与市场地位。

3. 赋能企业战略创新与转型升级

在可持续发展的视角下,企业必须不断适应外部环境变化,推进商业模式、产品服务等方面的持续创新与转型升级。而数字化转型后的管理会计不仅能够提供更加精细、深入的内部运营洞察,还能帮助企业更好地理解和把握行业趋势及市场需求,从而指导企业制定更具前瞻性和可行性的战略规划。同时,借助数据分析成果,企业在研发创新、市场拓展、风险管理等方面将获得更为有力的支持,助力企业在激烈的市场竞争中占据优势,实现长期稳健发展。

四、传统管理会计数字化转型的可行性

(一)技术基础设施的支撑

1. 云计算与大数据技术的应用

(1)云计算带来的灵活性与扩展性

云计算作为一种新型的计算模式,它通过虚拟化技术将分散的计算资源集中起来,形成一个巨大的资源池,用户可以根据需求随时获取所需的计算能力和存储空间。对于管理会计而言,云计算的引入意味着企业可以摆脱烦琐的硬件维护和数据管理工作,将更多的精力投入到核心业务的分析和决策中。同时,云计算的弹性扩展能力可以轻松应对企业业务增长带来的数据压力,确保系统的稳定运行。

(2)大数据技术的深度挖掘与价值发现

在传统管理会计中,由于数据处理能力的限制,大量有价值的信息被埋没在海量数据中无法得到有效利用。而大数据技术通过对数据的深度挖掘和关联分析,可以帮助企业发现隐藏在数据中的规律和趋势,为决策提供更有力的支持。例如,通过对历史销售数据的分析,企业可以预测未来市场的需求变化,从而制定更加精准的生产和销售策略。

(3)云计算与大数据技术的融合应用

云计算与大数据技术的融合应用进一步提升了管理会计的效率和准确性。通过云计算平台对大数据进行集中存储和处理,可以实现数据的实时更新和共享,确保信息的及时性和一致性。同时,基于云计算的大数据分析工具可以提供更加直观、便捷的数据可视化功能,帮助管理人员更好地理解和运用数据。

2. 人工智能与自动化的发展

(1)人工智能对于管理会计的影响

人工智能技术的快速发展为管理会计带来了革命性的变化。通过机器学习和深度学习等算法,人工智能可以模拟人类的思维过程,对复杂的数据进行智能分析和处理。在管理会计中,人工智能可以自动完成账簿记录、报表生成等基础工作,减轻财务人员的负担;同时,它还可以通过对历史数据的智能分析,发现潜在的财务风险和机会,为企业的战略决策提供有力支持。

（2）自动化流程的优化与效率提升

自动化技术的发展也是推动管理会计数字化转型的重要因素之一,通过自动化工具的应用,企业可以优化财务管理流程,减少人为错误和延迟;同时,自动化还可以实现对财务数据的实时监控和预警,确保企业的财务安全。并且,自动化技术的发展也促进了企业内部各个部门之间的信息共享和协同工作,提高了整体运营效率。

3. 网络安全与数据保护的加强

在数字化转型的过程中,网络安全问题不容忽视。随着网络攻击手段的不断升级和复杂化,企业需要不断加强网络安全防护能力以确保数据的安全性和完整性。通过采用先进的防火墙技术、入侵检测系统和加密技术,企业可以构建更加坚固的网络安全防线;同时,定期的安全漏洞扫描和风险评估也是确保网络安全的重要措施之一。

（二）成本效益与投资回报

1. 长期视角下的成本节约

在长期的视角下,传统管理会计的数字化转型能够为企业带来显著的成本节约。数字化转型意味着企业将从依赖纸质记录和人工操作的传统模式转向自动化、电子化的现代管理模式。这一转变不仅减少了纸张、打印、存储等物理成本,还大幅降低了人工处理数据的时间和错误率。数字化转型通过引入云计算服务,实现了数据的集中存储和远程访问。企业无须再投资大量的硬件设备来存储和维护数据,只需按需支付云服务费用,即可享受高效、安全的数据存储服务。这种弹性、可扩展的云服务模式,使得企业能够根据业务需求灵活调整资源投入,避免了资源浪费和过度投资。而且,数字化转型还促进了企业内部流程的标准化和简化。通过统一的数据录入标准和自动化处理流程,企业能够减少数据在不同部门之间的重复录入和核对工作,提高了工作效率,降低了沟通成本和时间成本。从长远来看,数字化转型还有助于企业构建更加高效、灵活的财务管理体系。通过对财务数据的实时监控和智能分析,企业能够更准确地掌握自身的财务状况和经营绩效,为决策提供更有力的数据支持。这将有助于企业优化资源配置,提高运营效率,从而实现长期的成本节约。

2. 数字化转型的投资回报分析

数字化转型对于传统管理会计而言,不仅是一项技术升级,更是一项具有战略意义的投资。从投资回报的角度来看,数字化转型能够为企业带来多方面的收益。通过引入大数据分析和人工智能技术,企业能够对海量的财务数据进行深度挖掘和智能分析,发现隐藏在数据中的规律和趋势。这将有助于企业更准确地预测市场变化、评估投资风险、制定发展战略,从而提高决策的科学性和准确性。而且,通过对财务数据的实时监控和智能分析,企业能够更精确地掌握各部门的资源需求和使用情况,实现资源的优化配置和有效利用。同时,数字化转型还能够减少人工操作环节和纸质记录的使用,降低人工成本和物理存储成本。并且,通过利用大数据和人工智能技术,企业可以开发新的产品和服务、拓展新的市场领域以及创新商业模式等。这将有助于企业抓住市场机遇、提升竞争优势、实现可持续发展。因此,从投资回报的角度来看,数字化转型对于传统管理会计而言是一项值得投入的战略性投资。通过科学规划和有效实施数字化转型战略,企业可以在降低成本、提高效率、创新发展等方面取得显著的成效。

3. 避免技术落后与竞争劣势

在当今这个信息化、数字化的时代,技术更新换代的速度非常快。如果企业不能紧跟时代的步伐,及时进行数字化转型,就可能面临技术落后和竞争劣势的风险。传统管理会计方式在信息处理、数据分析等方面存在诸多局限性,已经难以满足现代企业对高效、准确、实时财务管理的需求。而数字化转型则能够借助先进的技术手段,突破这些局限性,提升财务管理的效率和水平。如果企业坚持使用传统的管理会计方式,就可能因为信息处理效率低下、数据分析能力不足等问题而错失市场机遇。同时,竞争对手如果率先进行了数字化转型,就可能利用技术优势抢占市场份额、压缩企业的生存空间。因此,为了避免出现技术落后和竞争劣势的风险,企业必须积极推进数字化转型。通过引入先进的技术手段和管理理念,提升财务管理的效率和水平,增强企业的竞争力和创新能力。这将是企业在激烈的市场竞争中立于不败之地的关键所在。

第三节　数字化转型的步骤与策略

一、数字化转型对传统管理会计的影响

(一)数据驱动的决策模式

传统管理会计主要依赖手工账本和有限的电子数据处理能力,往往无法及时、准确地为企业提供全面的财务信息。而数字化转型则通过引入大数据、云计算等先进技术,实现了对海量数据的实时收集、存储和分析。这使得管理会计能够为企业提供更加精准、及时的数据支持,进而推动决策模式的转变。在数字化转型的背景下,管理会计不再仅仅关注历史数据的记录和报告,而是更加注重对未来趋势的预测和分析。通过利用大数据分析工具,管理会计人员可以深入挖掘数据背后的规律和趋势,为企业的战略决策提供有力支持。这种数据驱动的决策模式不仅提高了决策的准确性和效率,还降低了决策风险,有助于企业在激烈的市场竞争中保持领先地位。同时,数字化转型还促进了管理会计与业务部门的紧密合作。在数据共享和实时沟通的基础上,管理会计人员可以更加深入地了解业务部门的实际需求和运营情况,为其量身定制财务解决方案。这种跨部门的协作不仅提高了工作效率,还加强了企业内部的信息流通和资源整合。

(二)流程自动化与效率提升

传统管理会计中,许多烦琐、重复的工作需要人工完成,如账簿记录、报表编制等。这些工作不仅占用了大量的人力资源,还容易出现错误和延误。而数字化转型则通过引入自动化技术和智能化工具,实现了对这些流程的自动化处理。例如,通过采用自动化账务处理系统,企业可以实现凭证的自动生成、账目的自动核对以及报表的自动编制等功能。这不仅大大减少了人工操作环节和出错率,还提高了工作效率和准确性。同时,自动化工具还可以对财务数据进行实时监控和预警,帮助企业及时发现潜在的风险和问题,从而采取有效的应对措施。而且,在自动化处理的基础上,管理会计人员可以将更多的精力投入到数据分析、预测和决策支持等高层次工作中。这使得管理会计的职能从单纯的核算和监督变得更具战略性和前瞻性。

二、管理会计数字化转型的步骤

(一)管理会计数字化转型的前期准备

1.明确转型目标

在管理会计数字化转型的前期准备阶段,首要任务是明确具体的转型目标。这一目标应当紧密围绕企业整体战略定位与发展需求,并结合当前管理会计体系的实际状况和未来发展趋势来设定。具体而言,企业需要深入思考以下几个关键问题:希望通过数字化转型实现哪些功能升级?如何利用数字化工具提升管理会计信息的质量、准确性和时效性?期望通过转型达到何种程度的数据集成与分析能力?以及如何将数字化管理会计融入企业决策支持系统中,为企业战略规划和运营管理提供有力支撑?在明确了这些问题的答案后,企业可以据此制定出既具有前瞻性又切实可行的数字化转型目标,为后续的具体实施指明方向。

2.梳理现有管理会计体系与流程

梳理现有的管理会计体系与工作流程是推动数字化转型不可或缺的一环。这包括对现行的财务核算制度、成本控制方法、预算编制程序、绩效评价标准等进行详细盘点和深入剖析,了解其优势与不足,找出与数字化要求不匹配或效率低下的环节。同时,评估现有数据采集、处理、报告的方式方法,识别是否存在数据孤岛、信息滞后等问题。通过对现状进行全面系统的梳理,企业能够精准定位数字化改造的重点领域和改进方向,确保转型方案与实际业务深度融合,避免盲目跟风或片面追求技术应用的现象。

3.评估内部资源与技术能力

在启动管理会计数字化转型前,企业必须对其内部资源和技术能力进行全面而客观的评估。考察企业现有的 IT 基础设施是否能满足数字化管理会计的要求,如硬件设备、网络环境、信息安全保障等方面。还需要审视企业内部人才队伍结构及技能储备,看是否有足够的信息技术人才和具备数据分析能力的复合型管理会计人员。并且,需要关注企业对于新技术的学习和接纳能力,以及针对新项目所需的资金投入和时间周期。通过细致的评估,企业能够清晰地认识到自身在数字化转型过程中的优势与短板,以便有针对性地开展资源调配、人才培养、合作伙伴选择等工作,确保转型项目的顺利推进。

4.制定详细的转型战略规划

在明确了转型目标、梳理了现有体系流程并充分评估了内部资源和技术能力的基础上,企业应着手制定详细的管理会计数字化转型战略规划。该规划不仅应包含短期和长期的阶段性目标,还应详述各个阶段的主要任务、优先级、预期成果、资源配置计划以及风险防控措施。并且,规划中还应考虑到不同部门间协同合作的机制设计,以及对外部技术服务商的选择和合作关系建立等内容。通过制定这样一份全面、周密且操作性强的转型战略规划,企业能够在整个数字化转型过程中保持有序、高效地执行,最大程度地降低转型风险,确保管理会计数字化改革的成功落地,从而助力企业在日益激烈的市场竞争环境中增强核心竞争力,实现可持续发展。

(二)搭建数字化管理会计基础设施

1. 选择与引进适合的数字化工具与平台

在搭建数字化管理会计基础设施的过程中,首要任务是甄选并引进适用于企业自身特点和发展需求的数字化工具和平台。这些工具与平台应具备强大的数据处理能力、灵活的数据分析功能以及良好的用户体验,能够支持财务核算自动化、成本预算动态化、绩效评估科学化等多种应用场景。企业需要对市场上的各类财务管理软件、ERP 系统、BI 商业智能工具等进行深入研究和对比测试,结合企业内部业务流程及未来发展规划,确定最为匹配且具有扩展性的解决方案。同时,在引入新系统时还需考虑其与其他既有 IT 系统的兼容性和集成性,确保实现跨部门、跨层级的信息共享与协同工作。

2. 构建集成化的数据收集与处理系统

构建集成化的数据收集与处理系统是搭建数字化管理会计基础设施的核心环节。企业应建立统一的数据接口标准和规范,将来自各业务部门、供应链、销售端等源头的异构数据进行整合,形成全面、实时、准确的企业级数据中心。该系统不仅应能自动抓取和更新各类财务数据,还应具备非结构化数据(如文本、图像、音频等)的处理能力,以满足多元化数据分析的需求。通过运用大数据、云计算、人工智能等先进技术手段,实现数据的高效采集、清洗、转换、存储和检索,为管理层提供直观易懂、多维度的可视化报表和决策支持信息。

3. 建立健全的数据安全防护体系

在推进管理会计数字化转型的同时,必须高度重视数据安全问题,建立健全完善的数据安全防护体系。这就需要采用先进的加密技术、权限管理系统、访问控制机制等手段,保护数据在传输、存储和使用过程中的完整性、保密性和可用性。并且,还需要定期开展数据安全风险评估与漏洞扫描,设立应急响应预案,有效应对可能出现的数据泄露、篡改或破坏等安全事件,确保企业核心资产——数据资源的安全可靠。

4. 实施 IT 基础设施的优化升级

为了支撑数字化管理会计的有效运行,企业需要对现有的 IT 基础设施进行全面审视与优化升级。这包括提升服务器性能以承载更大规模的数据处理与运算需求,优化网络架构以保证数据高速稳定传输,部署高可用性及容灾备份方案以降低服务中断风险。同时,考虑到数字化管理会计可能带来的海量数据增长,企业还要提前规划存储空间扩展方案,适时引入分布式存储、云存储等新型技术。而且,针对新技术的应用场景,如移动办公、远程协作等,企业还需加强终端设备的安全管控与技术支持,打造适应数字化时代特征的敏捷、高效的 IT 环境。只有这样,才能确保企业在顺利推进管理会计数字化转型的同时,为其持续稳定发展提供强大而可靠的 IT 基础保障。

三、管理会计数字化转型的策略

(一)推进管理会计业务流程的数字化改造

1. 成本核算与控制的数字化改革

在推进管理会计业务流程数字化改造的过程中,成本核算与控制环节的改革是至关重要的一步。传统人工操作的成本核算方式往往存在效率低下、数据准确性不足等问题。通过引入先进的数字化工具和平台,企业可以实现成本数据自动采集、实时分析与动态监控。具体措施包括但不限于:建立物料编码体系,确保成本信息精准追溯;采用自动化系统记录生产过程中的直接材料、直接人工以及制造费用等各项成本要素;运用大数据技术对历史成本数据进行深度挖掘与智能预测,优化成本结构,提高成本效益比。同时,借助数字技术手段实现实时成本预警与控制,管理者可随时查看成本变动情况,及时调整经营策略,有效避免成本超支风险。

2. 预算编制与执行的在线化管理

预算作为企业管理的核心内容之一,在数字化转型中同样需要进行全面升级。企业应构建一体化的在线预算管理系统,涵盖预算编制、审批、执行、监控及反馈等多个环节。在线预算平台能够支持跨部门协同制订预算计划,集成企业战略目标与各部门的具体运营需求,确保预算目标与实际业务紧密衔接。在预算执行阶段,系统可实时跟踪并对比预算与实际收支情况,通过可视化图表展示预算执行进度与偏差,方便管理层快速发现问题并采取相应对策。

此外,该系统还应具备灵活调整预算参数的能力,以应对市场环境变化带来的挑战,实现预算管理的敏捷响应与高效执行。

3. 内部报告及决策支持系统的构建

数字化管理会计的一大优势在于其强大的数据分析与报告能力。企业应着力构建一套智能化内部报告与决策支持系统,以满足多元化、多层次的信息需求。该系统需整合各类财务与非财务数据资源,运用商业智能(BI)技术生成丰富的报表和仪表盘,提供多维度、立体化的组织运营视图。通过深入挖掘数据背后的价值信息,系统能为各级管理者提供全面、准确、及时的决策依据,助力企业在市场拓展、资源配置、风险防控等方面做出更加科学、明智的选择。

4. 绩效评价与激励机制的数字化实现

绩效评价与激励机制是推动企业持续改进与发展的关键驱动力,而数字化技术为其提供了新的实施路径。通过将绩效考核指标嵌入数字化管理会计系统中,企业可实现对员工、团队乃至整个组织绩效的实时追踪与量化评估。结合云计算、大数据分析及人工智能算法,企业可根据实际业务表现动态调整评价标准,确保绩效评价体系既公正又具有前瞻性。同时,数字化绩效管理系统还能与人力资源信息系统无缝对接,实现基于绩效结果的薪酬福利、晋升发展等激励措施的自动化处理与个性化推送,进一步激发员工积极性,提升组织整体效能。

(二)提升数字化管理会计人才队伍建设

1. 加强员工数字化技能与思维培训

企业应高度重视对现有员工的数字化技能培训和思维培养,通过举办各类内部培训、研讨会、实战演练等活动,提升员工的数据处理能力、分析能力和运用数字工具解决实际问题的能力。具体而言,培训内容可涵盖数据分析软件应用、数据可视化技术、云计算基础操作等实用技能,引导员工理解并适应数字化时代下的业务流程变革,树立以数据驱动决策的思维方式。同时,企业还应鼓励员工主动学习新兴技术知识,保持对前沿科技动态的关注,形成持续自我提升的良好氛围。

2. 建立跨部门协作与沟通机制

随着数字化管理会计体系的构建,各业务部门间的协同合作愈发重要。为了有效实现财务信息与其他业务信息的无缝对接,企业需建立跨部门协作与沟通机制,打破传统部门壁垒,强化团队协作意识。例如,可以设立跨部门项目组,共同参与管理会计系统的规划、实施及优化过程,确保系统设计充分满足各部门的实际需求。同时,借助数字化工具搭建统一的信息共享平台,促进数据流动与交流,使各个层级的管理者都能实时获取所需信息,做出基于全局视角的精准决策。并且,定期举行跨部门沟通会议,增进理解与共识,协调资源分配,解决协作中的矛盾与难题,共同推动数字化管理会计的深入实践。

3. 引进并培养数字化管理会计专业人才

为适应数字化转型的需求,企业还需加大引进并培养具备数字化背景的管理会计专业人才力度。在招聘过程中,明确将数据分析能力、信息系统应用能力以及对新技术敏锐度作为衡量候选人的重要指标,吸引具有相关教育背景或工作经验的专业人士加入。并且,对于内部员工,企业可以通过定制化的培训课程、职业发展规划以及丰富的实践经验积累机会,有针对性地培养一批既懂财务管理又掌握数字化技术的复合型人才。而且,企业还可以与高校、研究机构、行业协会等多方开展合作,共建人才培养基地,创新校企合作模式,确保源源不断地输送符合企业战略发展需求的高质量数字化管理会计人才。通过这些举措,企业将逐步建立起一支能够引领并支持数字化管理会计改革的人才队伍,为企业的可持续发展提供有力支撑。

第四章 数字化技术及其在管理
会计中的应用

第一节 数字化技术概述

一、数字化技术手段与起源

(一)数字化技术的内涵

随着计算机技术和数字化技术的持续进步与广泛应用,现代电子设备的设计与实施方式发生了翻天覆地的变化。过去,这些设备主要依赖于模拟电路来实现其功能,但如今,它们已经转变为混合使用模拟与数字电路的模式。模拟电子技术尽管在某些特定领域如信号采集、微弱信号放大以及高频大功率输出等方面仍发挥着关键作用,但在电子设备的绝大部分应用中,数字化技术已占据主导地位。数字化技术的崛起不仅极大地提升了设备的性能与效率,还为我们带来了前所未有的便利性和灵活性。数字化技术是一个庞大而复杂的体系,它大致可以分为硬件技术、软件技术以及可编程硬件技术这三大支柱。硬件技术为数字化设备提供了坚实的基础,包括各种处理器、存储器、传感器等关键组件。软件技术则负责设备的"大脑"工作,通过编写和执行各种程序来控制和管理硬件资源。而可编程硬件技术则结合了硬件和软件的优点,使得设备能够更加灵活地适应不同的应用场景和需求。根据应用对象的不同,数字化技术又可以进一步细分为多个领域,如数字化通信技术、数字化多媒体技术、数字化加工技术、数字化图像与影像技术以及数字化仿真技术等。这些技术不仅在各自的领域内发挥着重要作用,而且还相互融合、相互促进,共同推动着数字化时代的进步。值得注意的是,数字化技术并不仅仅是将信息简单地转换为 0 和 1 的字符串。在信息被化为离散的数列之后,还需要运用各种数学方法对这些数列进行加工处理,以提取出有用的信息和特征。这个过程涉及到复杂的算法和数学模型,是数字化技术的核心所在。

以数字通信技术为例,我们可以看到数字化技术的强大威力。数字通信技术包括数字编码、数字调制、数字传输、数字解调以及数字解码等一系列技术手段。通过这些技术手段,我们可以将声音、图像、视频等各种类型的信息高效地转换为数字信号,并通过各种传输媒介如光纤、无线电波等将其传送到远方的用户端。在用户端,再通过相应的解调和解码技术将数字信号还原为原始的信息形式,从而实现了信息的远距离传输和共享。

(二)数字化技术起源

1. 数字化技术的起源与理论基石

在计算机和网络技术尚未崭露头角的时代,信息的传递和处理主要依赖于物理形态,如书籍、纸张、录像带等。这些物理媒介不仅传递速度慢,而且在储存和复制时极易受损。随着科技的进步,尤其是微电子技术和光通信技术的崛起,人们开始探索一种全新的信息处理方式——数字化。数字化技术的核心思想是将复杂多变的信息转化为简单的二进制数字"0"和"1"。这种转化的灵感来源于英国数学家乔治·布尔于1854年提出的二元系统理论。他认为,所有的逻辑运算都可以简化为真与伪的二元选择,这与电路中的开与关有着异曲同工之妙。然而,这一理论在当时并未引起足够的重视,直到近一个世纪后,信息论的奠基人克劳德·香农将其与电路系统相结合,提出了开关理论,数字电路才得以真正崭露头角。与此同时,采样定理的提出为模拟信号的数字化铺平了道路。该定理阐述了采样频率与信号频谱之间的关系,为连续信号的离散化处理提供了理论依据。奈奎斯特和香农的贡献使得数字化技术在信号处理领域得到了广泛应用。

2. 数字化技术的推广

随着硬件和软件基础的不断完善,数字化技术逐渐从理论走向实践,从专业领域拓展到日常生活。在通信领域,数字化技术使得电话、电报等传统通信方式焕发出新的活力,同时催生了互联网这一全新的通信平台。在媒体领域,数字化技术让书籍、音乐、电影等文化产品摆脱了物理形态的束缚,以电子形式在全球范围内迅速传播。数字化技术的推广不仅改变了信息的传递方式,更改变了人们的生活方式。远程办公、在线教育、虚拟现实等新型应用模式的出现,使得人们可以跨越时间和空间的限制,享受更加便捷和高效的生活。

3. 数字化时代的影响

数字化技术的广泛应用不仅推动了社会的进步,也带来了一系列深远的影响。它打破了传统产业的边界,促进了不同行业之间的融合与创新。它提高了生产效率,降低了交易成本,为经济发展注入了新的活力。同时,数字化技术也加速了全球化进程,使得不同国家和地区之间的联系更加紧密。

二、数字化技术类型

(一)云计算技术

1. 革新信息技术的新浪潮

云计算作为分布式计算的一种形式,已经逐渐成为信息技术领域的核心。它通过庞大的网络"云"将复杂的数据计算处理程序分解为无数个小程序,再利用多部服务器组成的系统对这些小程序进行处理和分析,最终将结果返回给用户。这种计算模式的核心思想在于对大量网络连接的计算机资源进行统一管理和调度,从而形成一个巨大的计算资源池,为用户提供按需服务。用户只需按使用量付费,无须承担昂贵的硬件和软件成本。

2. 云计算的服务类型

(1)基础设施即服务(Infrastructure as a Service,IaaS)

这类服务为消费者提供了虚拟化的计算资源,包括虚拟机、存储、网络和操作系统等。用户可以在这些基础设施上部署和运行自己的应用程序,而无须关心底层的硬件细节。IaaS服务提供商负责维护和管理这些基础设施,确保其稳定、可靠地运行。

(2)平台即服务(Platform as a Service,PaaS)

PaaS为开发人员提供了一个全球互联网构建应用程序和服务的平台。它提供了完整的开发环境,包括编译器、数据库、开发工具等,使得开发人员可以专注于应用程序的开发,而无须关心底层的技术细节。PaaS服务提供商还提供了灵活的扩展选项,使得开发人员可以根据需要增加或减少资源。

(3)软件即服务(Software as a Service,SaaS)

SaaS通过互联网提供按需软件付费应用程序。用户无须购买和安装软件,只需通过Web浏览器或移动应用程序访问这些服务即可。SaaS服务提供商负责软件的维护和升级,确保用户始终使用的是最新版本的应用程序。

3. 云计算的优势及特点

(1)虚拟化技术

云计算通过虚拟化技术将物理硬件资源抽象为虚拟资源,使得用户可以更加灵活地管理和使用这些资源。虚拟化技术还提供了隔离性,确保不同用户之间的数据和应用程序不会相互干扰。

(2)动态可扩展

云计算可以根据用户的需求动态地增加或减少资源。这种可扩展性使得云计算能够更好地应对突发的高负载,确保应用程序的稳定运行。

(3)按需部署

用户可以根据自己的需求选择所需的服务和资源,无须关心底层的实现细节。这种按需部署的方式使得用户能够更加专注于自己的业务逻辑,提高开发效率。

(4)灵活性高

云计算提供了丰富的 API 和工具,使得用户可以更加灵活地管理和配置自己的资源。用户可以根据需要自定义网络结构、存储配置和安全策略等。

(5)可靠性高

云计算通过冗余部署和容错机制确保服务的高可用性。即使部分服务器出现故障,云计算也能自动将任务迁移到其他可用的服务器上,确保应用程序的正常运行。

(6)性价比高

云计算采用按需付费的模式,用户只需按使用量付费。这种模式使得用户能够更加合理地分配资源,降低成本。同时,云计算服务提供商通常会提供多种定价选项,以满足不同用户的需求。

(7)可扩展性强

云计算具有良好的可扩展性,可以根据用户的需求进行横向或纵向的扩展。这种扩展性使得云计算能够更好地应对未来的业务需求和技术挑战。

(二)大数据技术

1. 大数据技术的定义

(1)深度洞察能力

大数据技术能够通过大规模并行计算、分布式存储以及高级数据分析算法(如机器学习、深度学习等)对庞杂无序的数据进行深度挖掘,揭示隐藏在其中的模式、关联和趋势,为企业决策、社会治理、科学研究等领域提供关键性的洞察。

(2)实时决策支持

借助流式计算和实时分析技术,大数据系统可以实时捕获、处理和反馈数据信息,为管理者提供及时有效的决策依据,使得组织能快速响应市场变化,优化业务流程,提升运营效率。

(3)个性化服务与预测能力

通过对用户行为、消费习惯、偏好特征等大量数据进行精细化分析,大数据技术可实现个性化推荐、精准营销,同时结合时间序列分析和预测模型,提前预判市场需求、风险趋势等,助力企业制定前瞻性的战略规划。

2.大数据技术的主要应用领域与发展态势

(1)商业智能与运营管理

在零售、金融、电信、互联网等行业,大数据技术被广泛应用,用于客户细分、产品定价、市场营销策略优化、供应链管理等方面,帮助企业实现精细化运营,提高盈利能力和市场竞争力。

(2)社会治理与公共服务

城市管理相关部门可以利用大数据技术开展城市规划、公共安全预警、交通流量分析、公共卫生监测等工作,以数据驱动的方式提升社会治理效能和服务质量。

(三)人工智能技术

1.人工智能技术的定义

人工智能(Artificial Intelligence,AI)是一种前沿且综合性极强的科技领域,它致力于研究、开发和应用模仿、延伸乃至超越人类智能的理论、方法、技术及应用系统。其核心内涵主要包括机器学习、深度学习、自然语言处理、计算机视觉等多个分支领域,旨在赋予机器理解和解决复杂问题的能力,实现感知、认知、决策等人类智能行为,并在诸多应用场景中展现高效、精准和自动化的特性。

2.人工智能技术的主要功能与作用

(1)机器学习

作为 AI 的重要组成部分,机器学习让计算机通过数据训练而非显式编程来获取新知识和技能,从而实现自我改进和优化。基于统计模型和算法,机器学习能够从大量历史数据中发现规律,对未来情况进行预测或决策。

(2)深度学习

作为机器学习的一个子领域,深度学习模拟人脑神经网络结构,构建多层非线性模型,对复杂高维数据进行高效处理和模式识别。在图像识别、语音识别、自然语言理解等领域取得了重大突破。

(3)自然语言处理与计算机视觉

自然语言处理让机器理解并生成人类语言,实现了人机间无缝交流;而计算机视觉则使机器具备"看"和理解世界的能力,如图像分类、目标检测和场景分析等,这两者极大拓宽了 AI 的应用范围。

3. 人工智能技术的主要应用

(1)工业制造与自动化

AI 技术已广泛应用于智能制造,通过智能化的设备和系统提高生产效率、降低损耗,实现个性化定制和柔性生产。例如,工业机器人利用视觉识别技术精确抓取和装配零部件,AI 驱动的质量控制系统实时监测生产线状态,预防故障发生。

(2)商业服务与社会管理

AI 在金融风控、精准营销、智慧医疗、智慧城市等诸多领域发挥了重要作用,提升服务质量和效率,同时赋能社会治理现代化。例如,AI 客服能提供 24 小时不间断的服务,智能诊断辅助医生精准判断病情,人脸识别技术保障公共安全。

第二节　大数据在管理会计中的应用

一、大数据时代管理会计的机遇

(一)企业需求扩大化,管理会计前景更广阔

1. 大数据与管理会计的融合

在大数据时代,数据已经成为一种新的资源,其价值堪比石油和黄金。对于管理会计而言,大数据不仅意味着海量的数据资源,更意味着无限的可能性和巨大的潜力。通过大数据技术,管理会计可以实现对海量数据的实时收集、存储、处理和分析,从而为企业提供更加全面、准确、及时的数据支持。具体而言,管理会计可以利用大数据技术对非结构化数据进行挖掘和处理,将其转化为有价值的信息。这些信息可以反映市场的动态变化、客户的消费习惯、竞争对手的战略调整等,从而帮助企业更加精准地把握市场脉搏,制定科学的发展战略。同时,大数据还可以帮助管理会计实现对企业内部运营的全面监控和实时反馈。通过对生产、销售、财务等各个环节的数据进行实时收集和分析,管理会计可以及时发现运营中的问题并提出改进措施,从而提升企业的运营效率和管理水平。

2. 管理会计的创新发展

随着大数据时代来临,管理会计需要转变思维方式,从传统的以结构化数据为主的分析模式转向以大数据为基础的综合分析模式。这意味着管理会计

需要更加注重对非结构化数据的挖掘和利用,以发现其中隐藏的价值和规律。并且,管理会计需要拓展发展路径,将大数据技术与云计算、人工智能等先进技术相结合,构建更加高效、智能的管理会计体系。通过云计算技术,管理会计可以实现数据的集中存储和远程访问,从而方便企业随时随地获取所需的数据支持。而人工智能技术则可以帮助管理会计实现对海量数据的自动分析和处理,提高数据分析的准确性和效率。而且管理会计需要创新管理模式,以更加灵活、开放的方式应对市场的变化和挑战。这包括建立更加扁平化、网络化的组织结构,加强与业务部门的沟通和协作,以及推动企业内部的信息共享和资源整合。通过这些措施,管理会计可以更好地满足企业的需求,推动企业的持续发展和创新。

3. 大数据背景下,管理会计的发展前景

随着全球经济的持续发展和市场竞争的日益激烈,企业对管理的要求也在不断提高。特别是在数据驱动的时代背景下,企业需要更加精准、全面的数据支持来指导决策,提升管理效能。管理会计作为企业管理的重要手段之一,正面临着前所未有的发展机遇。国际数据公司(IDC)的调查报告更是明确指出,企业中80%的数据是非结构化数据,而传统的管理会计主要关注于占整体数据总量20%的结构化数据。显然,这已无法满足现代企业的管理需求。因此,管理会计必须紧跟时代步伐,转变思维方式,拓展发展路径,创新管理模式,以充分利用大数据资源,满足企业日益扩大的需求。

大数据技术将使得管理会计的分析更加精准和全面,从而提高决策的准确性和有效性。这将有助于企业在激烈的市场竞争中保持领先地位,实现持续的发展和壮大。并且,大数据技术将推动管理会计与其他领域的深度融合。例如,管理会计可以与市场营销、人力资源管理等领域相结合,共同构建企业的综合管理体系。这将有助于企业实现资源的优化配置和高效利用,提升整体的管理水平和综合竞争力。而且,随着全球经济的不断融合和市场的日益开放,企业需要更加关注国际市场的动态变化并积极参与国际竞争。而管理会计作为企业管理的重要手段之一,也需要不断适应国际市场的需求和变化,推动自身的国际化发展。

(二)数据收集简单化,管理会计职能更全面

1. 数据收集的简单化

随着互联网、大数据、云计算等技术的迅猛发展,数据的收集、处理和运用变得日益便捷、简单和高效。这一变革为管理会计带来了前所未有的机遇,使

其职能得以更全面、更强大地发挥。在传统模式下,管理会计虽然侧重于预测、决策、分析和过程控制等方面,但由于数据收集的困难和局限性,其职能往往难以得到充分发挥。而在大数据时代,数据的丰富性和易获取性为管理会计提供了更广阔的舞台,使其能够在企业管理中发挥更大的作用。在传统模式下,管理会计进行数据收集时往往面临着诸多困难。一方面,数据来源有限,主要集中在企业内部的财务和运营数据上;另一方面,数据收集和处理的过程烦琐且耗时,难以满足实时决策的需求。然而,在大数据时代,这些问题得到了根本性的解决。借助互联网、大数据和云计算等技术,管理会计可以轻松地获取海量的、多样化的数据。这些数据不仅包括企业内部的财务和运营数据,还包括来自市场、竞争对手、客户等外部数据源的信息。同时,数据收集和处理的过程也实现了自动化和智能化,大大提高了工作效率和准确性。

2. 管理会计职能的拓展

数据收集的简单化使得管理会计的职能得到了全面的拓展。以预测职能为例,在传统模式下,企业主要根据近几年的经营成果和本行业发展特点进行预测,可参考的数据和资料非常有限。而在大数据时代,企业可以轻而易举地获得本行业及上下游行业的大量数据,这些数据更加全面、系统和有针对性。通过对这些数据的加工和处理,管理会计可以得出更加科学合理、贴近现实的预测结果,为企业的长远可持续发展提供有力支持。除了预测职能外,管理会计的决策、分析和过程控制等职能也得到了显著的增强。在决策方面,大数据提供了更丰富的决策依据和更准确的决策模型,帮助管理者做出更明智的决策。在分析方面,大数据使得管理会计能够对企业运营的各个环节进行更深入、更细致的分析,从而发现潜在的问题和机会。在过程控制方面,大数据提供了实时的监控和反馈机制,帮助管理会计及时发现问题并采取相应的措施进行纠正。

3. 绩效评价的科学化

在传统模式下,由于数据收集的困难和局限性,绩效评价往往难以做到全面、准确和客观。而在大数据时代,这一问题得到了有效的解决。大数据为绩效评价提供了丰富的数据来源和科学的评价方法。企业可以从 ERP、CRM 和Web 交易系统中获得与交易相关的数据,从社交媒体等渠道获得相关交互数据,还可以从物联网中获取感知数据。这些数据经过加工和处理后,可以得出员工绩效评价的可靠科学结果。这些结果不仅可以为干部选拔、人才任用等提供依据,还可以为企业的激励机制和薪酬体系设计提供有力支持。

（三）网络平台普及化管理会计工作更高效

1.网络平台提升数据收集与处理效率

在过去,管理会计工作需要大量的人力来搜集、整理和分析数据,这一过程不仅耗时耗力,而且容易出错。然而,随着网络平台的普及,这些烦琐的工作都可以通过网络和数据平台轻松完成。企业可以通过各种专业的数据软件和平台,实时地收集、整理、分析和存储海量的数据,大大提高了数据处理的效率和准确性。并且,网络平台还使得数据的获取更加全面和多样化。企业不仅可以获取到内部的财务数据、运营数据等,还可以通过网络平台获取到外部的市场信息、竞争对手信息、行业趋势等,为企业的决策提供了更为全面的数据支持。

2.网络平台打破信息沟通壁垒

在传统的管理会计工作中,企业之间以及企业各部门之间的信息沟通往往受到地域和时间的限制,导致信息传递不及时、不准确。然而,网络平台的普及化彻底打破了这一壁垒。通过网络平台,企业之间可以实现实时的信息共享和沟通,无论是跨地域还是跨时间,都可以及时、准确地传递信息。这不仅提高了企业之间的协作效率,还有助于企业更好地把握市场机遇和应对挑战。同时,网络平台也为企业内部各部门之间的信息沟通提供了便捷的途径。各部门可以通过网络平台实时地共享和更新信息,确保信息的准确性和一致性,从而提高企业整体的运营效率和管理水平。

3.网络平台推动管理会计实现创新发展

网络平台的普及化不仅提高了管理会计工作的效率,还为其创新和发展提供了强大的动力。在大数据、云计算等先进技术的支持下,管理会计可以更加深入地挖掘和分析数据价值,发现潜在的商业机会和风险点,为企业的战略决策提供更有力的支持。而且管理会计人员可以通过网络平台实现远程办公、在线协作等新型工作模式,提高了工作的灵活性和效率。并且,网络平台还为管理会计人员提供了丰富的在线学习资源和交流平台,有助于他们不断提升自身的专业素养和技能水平。

二、大数据时代管理会计面临的挑战

（一）认识滞后难以适应新时代、大数据发展趋势

1.大数据认识的碎片化

在当前的大数据时代,数据已经成为企业决策的重要依据,而管理会计作

为企业内部管理的重要工具,对于数据的收集、处理和分析有着天然的需求。然而,由于人们对大数据的认识存在碎片化的问题,导致在管理会计实践中无法充分发挥大数据的优势。这种碎片化的认识表现在对大数据的概念、技术、应用等方面缺乏全面、系统、准确的理解,使得管理会计人员在运用大数据时往往只能触及皮毛,无法深入挖掘其潜在价值。这种认识上的滞后不仅影响了管理会计的工作效率,更可能导致企业在激烈的市场竞争中错失良机。因为在大数据时代,企业的决策需要基于更全面、更准确的数据分析,而碎片化的认识无疑增加了数据处理和分析的难度,降低了决策的科学性和准确性。

2. 专业人士对大数据在管理会计中应用的认知不足

即使是从事管理会计工作的专业人士,对大数据在管理会计中的应用也没有做到全面、系统、准确的认识。一方面对大数据技术的掌握不够深入,无法有效运用各种大数据工具和方法进行数据处理和分析,另一方面对大数据与管理会计的结合点把握不准,难以将大数据技术与管理会计的实践需求有效对接。并且对大数据在管理会计中的应用前景缺乏足够的预见性,无法为企业的发展提供有力的数据支持。这种认知上的不足不仅限制了管理会计职能的发挥,也影响了企业决策的科学性和准确性。因为管理会计作为企业内部管理的重要工具,其职能的发挥直接关系到企业的运营效率和经济效益。如果管理会计人员无法充分运用大数据技术来提升工作效率和准确性,那么企业的决策就可能失去数据支持,进而增加决策的风险和不确定性。

3. 人们对大数据认识的滞后影响管理会计发展进程

在大数据时代,管理会计需要不断适应新的技术环境和工作要求,而人们对大数据认识的滞后无疑增加了这一适应过程的难度。一方面,认识上的滞后导致管理会计人员在运用大数据时缺乏足够的技术支持和理论指导;另一方面,认识上的滞后也限制了管理会计职能的拓展和创新。为此,需要加强对大数据技术的研发和应用推广力度,提高人们对大数据的认识水平,还要加强对管理会计人员的培训和教育力度,提高他们的专业素养和技能水平,并要加强管理会计理论与实践的结合力度,推动管理会计职能的拓展和创新。通过这些措施的实施,我们可以逐步提高人们对大数据的认识水平和管理会计的应用能力,进而推动管理会计在大数据时代的发展进程。

(二)技术落伍难以满足个性化、安全性基本要求

1. 大数据带来的技术与管理挑战

从技术层面来看,大数据的处理需要强大的计算能力和先进的数据分析

技术。然而,许多企业的现有设施无法满足这些要求,导致大量数据无法被有效利用。并且,随着数据量的增加,数据的安全性和隐私保护也成为了一个亟待解决的问题。如果企业无法保障数据的安全,那么大数据带来的价值就可能被泄露或被滥用。从管理层面来看,大数据时代对企业的管理理念和方式也提出了新的挑战。传统的管理模式往往基于经验和直觉,而在大数据时代,企业需要更多地依靠数据来进行决策和管理。这就要求企业管理层必须具备数据意识和数据分析能力,能够从海量数据中提取有价值的信息。

2. 企业管理层对大数据的忽视与误区

面对大数据带来的挑战,企业管理层往往存在忽视和误区。一方面,许多企业管理层对大数据的重要性认识不足,认为这只是信息技术部门的事情,与自己无关。因此,他们既不愿意更新硬件设施,也不愿意引进软件技术,更不重视应用培训。这种态度导致了企业在大数据时代的落后和被动。另一方面,即使一些企业管理层认识到了大数据的重要性,也存在一些误区。例如,他们可能认为只要拥有了大数据就能自动获得竞争优势,而忽视了数据分析能力和管理理念的提升。或者他们可能过于迷信大数据的结果,而忽视了人的主观能动性和市场的变化。这些误区都可能导致企业在大数据时代的决策失误和管理困境。

3. 管理会计在大数据时代的困境与出路

作为企业内部管理的重要工具之一,管理会计在大数据时代面临着前所未有的困境。一方面,陈旧的设备和落伍的技术无法满足管理会计的个性化需求和安全性要求;另一方面,企业管理层对大数据的忽视和误区也限制了管理会计职能的发挥。这就需要企业加强对大数据技术的研发和应用的推广力度,提高数据处理能力和安全性;还要加强对管理会计人员的培训和教育力度,提高他们的专业素养和技能水平;并积极推动管理理念的创新和变革,建立以数据为基础的科学决策体系。除此之外,企业还需要加强与外部环境的沟通和协作。例如,可以与高校、科研机构等合作开展大数据技术的研究和应用;可以与行业协会、政府部门等沟通协作共同推动大数据产业的发展和管理会计的变革。

(三)人才匮乏难以保障新技术、专业化工作需要

1. 我国管理会计领域人才储备现状

当前,我国在财务方面的人才储备相对充足,但在管理会计领域,尤其是具备大数据处理和分析能力的精尖人才却少之又少。这主要是由于过去我国

对管理会计的重视程度不足,导致相关教育和培训资源投入有限,进而影响了人才的培养和储备。此外,随着大数据技术的飞速发展,管理会计领域对人才的需求也发生了变化,但现有的人才结构却无法满足这种新的需求。

2. 人才匮乏对管理会计发展的影响

人才是新时代最重要的资源,管理会计的与时俱进离不开专业人才的支撑。在大数据时代,各行业专业化发展愈加显著,管理会计专业水平的提高依赖于各方面人才的专业素质水平。然而,目前我国在 IT 及管理会计方面的人才匮乏,直接影响了管理会计的发展步伐。缺乏具备大数据处理和分析能力的技术人才,使得管理会计在数据处理和分析方面受到限制。在大数据时代,管理会计需要处理的数据量激增,数据来源也更加多样化,这就要求相关人员必须具备强大的数据处理和分析能力。然而,现有的人才储备却无法满足这种需求,导致管理会计在数据处理和分析方面存在瓶颈。在大数据时代,企业需要更加精准、全面的决策支持,这就要求管理会计人员必须具备跨学科知识和实践经验,能够从海量数据中提取有价值的信息,并为企业提供有针对性的决策建议。然而,现有的人才储备中具备这种能力的人才却非常有限。

3. 解决管理会计人才困境的途径

高校和企业应该共同努力,加大对管理会计教育和培训资源的投入力度,提高管理会计教育和培训的质量和水平。同时,还应该注重跨学科人才的培养,鼓励更多的学生选择管理会计作为自己的专业方向。而且,企业应该积极引进先进的大数据技术,并将其与管理会计实践相结合,提高管理会计在数据处理和分析方面的能力。还应该加强与高校、科研机构的合作,共同推动管理会计与大数据技术的融合研究和实践应用。并且,企业应该建立完善的人才激励机制,为管理会计人员提供良好的职业发展平台和晋升机会。还应该注重对管理会计人员的培训和提升,帮助他们不断提高自己的专业素养和技能水平。

三、大数据时代管理会计发展的对策

(一)借助新媒介树立大数据意识和强化认识

1. 借助新媒介树立大数据意识与强化认识

在信息技术迅猛发展的今天,大数据已经渗透到社会生活的各个角落,对各行各业产生了深远的影响。管理会计作为企业内部管理的重要工具,同样面临着大数据时代带来的机遇与挑战。要使管理会计在大数据时代健康、可持续发展,就必须全行业人员树立大数据意识,并不断提高数据搜集、处理和分析能力。而这一切,都离不开新媒介的助力。

2. 新媒介为大数据意识的树立提供了便捷渠道

随着互联网的普及,新媒介如微博、微信、抖音等社交平台以及各类在线教育平台如雨后春笋般涌现,为人们获取新知识、新信息提供了前所未有的便捷渠道。这些新媒介不仅传播速度快,覆盖面广,而且具有互动性强的特点,能够让人们在轻松愉快的氛围中接受新知识。对于大数据这一新事物,新媒介同样发挥了重要的推动作用。通过微博、微信等社交平台的传播,大数据的概念、技术及应用案例得以迅速普及,让越来越多的人认识到大数据的重要性和魅力。同时,各类在线教育平台也推出了大量关于大数据的微课、慕课等公开课程,为人们系统学习大数据知识提供了便捷途径。

3. 借助新媒介强化大数据在管理会计中的应用认识

要使广大群众从思想上重视大数据在管理会计中的应用,就必须普及大数据的前沿知识及应用方法。而新媒介正是实现这一目标的重要工具。通过电视、广播等传统媒体以及微博、微信等新媒体的联合传播,可以形成全方位、立体化的宣传格局,让大数据在管理会计中的应用价值深入人心。具体来说,可以通过举办关于大数据在管理会计中应用的讲座、论坛等活动,邀请业内专家进行深入浅出的讲解,让广大群众了解大数据在管理会计中的具体应用案例和效果。同时,还可以利用新媒介制作并传播关于大数据在管理会计中应用的短视频、动画等易于理解和接受的内容,进一步提高人们对大数据在管理会计中应用的认识和重视程度。

4. 提高全行业人员的数据搜集、处理和分析能力

树立大数据意识和强化认识只是第一步,要使管理会计在大数据时代健康、可持续发展,还必须提高全行业人员的数据搜集、处理和分析能力。这同样离不开新媒介的支持和帮助。

一方面,可以利用新媒介提供的各种在线教育平台,开展针对管理会计人员的专业培训课程,系统讲授大数据搜集、处理和分析的技术和方法。通过这些培训课程的学习,管理会计人员可以迅速掌握相关技能,提高自己在大数据时代的职业素养和竞争力。另一方面,还可以利用新媒介搭建的交流平台,促进管理会计人员之间的经验分享和技术交流。

（二）依托云计算打破新技术瓶颈确保安全

1. 云计算在管理会计中的应用与价值

（1）提高数据处理效率

云计算具有强大的计算能力和弹性扩展性,可以快速处理海量数据,满足管理会计对实时性、准确性的需求。

(2)降低运营成本

企业无须购买和维护昂贵的硬件设备,只需按需支付云服务费用,从而降低了运营成本。

(3)提升信息安全性

云计算服务商通常具有专业的安全团队和先进的安全技术,可以为企业提供更全面的信息安全保障。

2. 依托云计算打破新技术瓶颈

(1)解决存储空间不足问题

随着企业数据量的不断增长,传统的存储设备已经无法满足需求。云计算提供了近乎无限的存储空间,企业可以根据需要随时扩展存储空间,解决了存储空间不足的问题。

(2)确保信息及时性和完整性

云计算具有实时数据处理和分布式存储能力,可以确保管理会计信息的及时性和完整性。企业可以随时获取最新的数据信息,为决策提供支持。

(3)提升数据处理能力

云计算平台具备强大的计算能力和并行处理能力,可以对海量数据进行深入挖掘和分析,为管理会计提供更加准确、全面的数据信息。

3. 加强信息安全监管,保障管理会计信息安全

(1)完善信息安全技术

企业应该采用先进的信息安全技术,如数据加密、访问控制、安全审计等,确保数据在传输、存储和处理过程中的安全性。同时,定期对系统进行漏洞扫描和安全测试,及时发现并修复潜在的安全隐患。

(2)增强人员安全意识

企业应该加强对员工的信息安全教育和培训,增强员工的安全意识和技能水平。员工应该自觉遵守信息安全规定,不泄露企业机密信息。

(三)借鉴成功经验重视人才培养完善考核

1. 借鉴国外成功经验,构建科学的管理会计考核认证体系

国外在管理会计领域已经积累了丰富的经验,形成了较为完善的考核认证体系。例如,英国的 ACCA 和美国的 CIMA 等职业考试认证体系,都采用了分层级递进式的考试设计,要求考生具备一定年限的工作经验。这些体系的成功经验对于我们国内管理会计考核认证机制的构建具有重要的借鉴意义。

我们应该结合国内实际情况,制定出符合国内管理会计发展需求的考核认证标准和流程。在考试设计上,可以借鉴国外体系的分层级递进式特点,确保考核内容的全面性和递进性。同时,我们还应该注重实践经验的考察,确保考生具备实际工作能力。

2. 重视管理会计人才培养,提升行业整体水平

管理会计人才是企业提升财务管理水平、增强竞争力的关键。因此,我们必须重视管理会计人才的培养工作。首先,高校应该加强管理会计专业的建设,优化课程设置,注重理论与实践的结合,培养出既具备扎实理论知识又具备实践经验的管理会计人才。而且,企业应该加大对管理会计人员的培训力度,提供多元化的培训方式和内容,帮助他们不断提升专业素养和技能水平。并且,社会各界也应该关注管理会计人才的培养工作,提供政策支持和资金保障,推动人才培养工作的顺利开展。

3. 完善管理会计考核认证机制,推动行业规范化发展

完善的管理会计考核认证机制是推动行业规范化发展的重要保障。我们应该建立健全的考核认证机构和流程,确保考核认证的公正性、权威性和有效性。同时,我们还应该加强对考核认证机构的监管力度,确保其按照标准和流程进行工作,避免出现违规操作和舞弊行为。而且,我们还应该注重与国际接轨,积极参与国际管理会计领域的交流和合作,借鉴国际先进经验和技术手段,推动国内管理会计行业的快速发展。在具体实施上,可以建立统一的考核认证标准和流程,并加强对考核认证机构的监管力度;还要积极推动高校与企业之间的合作与交流,最重要的是,加强宣传和推广工作等。通过这些措施的实施,我们可以逐步完善管理会计考核认证机制并推动行业规范化发展。

第三节　人工智能在管理会计中的应用

一、人工智能在管理会计中的重要性

(一)人工智能技术对管理会计的影响

1. 人工智能技术在管理会计中的自动化处理与决策支持

人工智能技术的引入,极大地提升了管理会计领域的数据处理能力和效率。通过运用机器学习、自然语言处理和智能算法,管理会计系统可以自动抓取并整合来自企业内部各业务模块以及外部市场的海量数据,实现对财务数据的实时监测和分析。这种自动化处理不仅显著降低了人为错误,还把会计人员从烦琐的手动计算中解脱出来,使其有更多精力投入到更高层次的战略规划和决策支持工作中。随着人工智能的发展,管理会计师与智能系统的协作模式正发生深刻变革。一方面,AI 替代了大量重复性高且易于标准化的工作,如凭证审核、报表生成等,促使会计人员转向更具价值创造潜力的角色。另一方面,人类的专业判断和创新思维仍无可替代,他们将更多地参与到战略规划、商业洞察提炼及高级财务管理活动中。

2. 人机协同工作新模式与职能转变

(1)数据驱动的精细化管理

AI 技术能快速精准地完成成本核算、预算编制、绩效评估等日常任务,并通过对历史数据的深度学习和模式识别,发现潜在的成本优化点和盈利增长点,为管理层提供更为精确和具有前瞻性的决策依据。

(2)实时监控与风险预警:

基于大数据的实时分析功能,人工智能能够实时监控企业的财务状况和运营指标,提前识别异常变动和潜在风险,及时发出预警信号,助力企业管理层做出迅速响应,有效防范和控制风险。

(3)提升工作效率与质量

通过 AI 辅助工具,管理会计师能够在短时间内完成大量数据分析,生成复杂的预测模型,从而大幅提升决策的科学性和准确性。

(4)专业能力升级与重塑

人工智能的应用推动着管理会计知识体系的更新迭代,要求从业者具备更高的数据分析技能、信息技术素养和跨领域综合判断能力,从而实现自身角色从传统记账员向战略型决策支持者的转型。

(二)人工智能技术在管理会计中的应用范围

1. 自动化流程提升管理效率

在传统的管理会计工作中,大量烦琐的数据录入、核对和报表编制等任务占据了会计人员的大部分时间,不仅效率低下,而且容易出错。而人工智能技术的引入,可以实现这些流程的自动化,极大提升管理效率。具体来说,人工智能技术可以通过自动化工具,实现会计凭证的自动录入、账目的自动核对以及财务报表的自动生成等。这些自动化工具能够准确、快速地处理大量数据,减少人工操作的错误和延迟。同时,它们还可以根据企业的实际需求进行定制化开发,满足企业特定的财务管理需求。而且,人工智能技术还可以应用于管理会计中的其他自动化流程,如自动付款、自动收款、自动记账等。这些流程的自动化不仅可以减少人工干预,降低出错率,还可以加快资金周转速度,提高企业的财务运营效率。

2. 数据分析和决策支持增强洞察力

管理会计的核心任务之一是为企业提供有价值的财务信息,帮助企业做出科学、合理的经济决策。而人工智能技术在数据分析和决策支持方面的应用,可以大大增强企业的洞察力。人工智能技术可以对企业的财务数据进行深度挖掘和分析,发现数据之间的关联性和趋势性。例如,通过对历史销售数据的分析,可以预测未来一段时间内的销售趋势;通过对成本数据的分析,可以找到降低成本的潜在途径。这些分析结果可以为企业制定更加精准的市场策略、产品策略和成本策略提供有力支持。并且,人工智能技术还可以应用于预算规划和预测分析等领域。通过构建预算模型和预测模型,人工智能技术可以帮助企业更加科学、合理地制定预算计划和预测未来趋势。

3. 风险管理与合规性保障企业安全

在管理会计中,风险管理和合规性是非常重要的方面。人工智能技术可以帮助企业更好地识别、评估和控制风险,确保企业的财务安全。具体而言,人工智能技术可以通过构建风险评估模型,对企业的财务风险进行量化和评估。这些模型可以基于历史数据和当前市场环境,预测企业未来可能面临的风险和挑战,并为企业提供相应的应对策略。同时,这些模型还可以实时监控企业的财务状况和风险情况,及时发现潜在的问题和风险,为企业决策提供有力支持。而且,人工智能技术还可以帮助企业更好地遵守合规性要求。例如,通过自动化工具实现税务申报的自动化和准确化;通过数据挖掘和分析技术发现潜在的欺诈行为和违规行为等。这些应用可以大大减轻企业在合规性方面的压力和风险。

二、人工智能技术在管理会计中的应用概述

(一)人工智能在预算规划与预测中的应用

1. 智能化技术助力企业决策

随着科技的飞速发展,人工智能已经渗透到企业管理的各个方面,其中在预算规划中的应用尤为突出。传统的预算规划方法往往基于历史数据和人工经验,难以应对复杂多变的市场环境。而智能化技术的引入为预算规划带来了革命性的变革。智能化技术在预算规划中的应用主要体现在自动化、数据

驱动和动态调整三个方面。通过自动化工具,企业可以高效地收集、整理和分析海量数据,减少人工操作的错误和延迟。数据驱动则意味着预算规划不再仅仅依赖于直觉和经验,而是基于对历史数据的深度挖掘和对未来趋势的科学预测。动态调整则是智能化技术独有的优势,它可以根据市场变化和企业实际情况,实时调整预算规划,确保企业始终保持在最优的运营状态。在具体实践中,智能化技术可以帮助企业建立更加精细化的预算模型。这些模型可以考虑到各种复杂的因素,如市场需求、竞争状况、供应链风险等,从而制定出更加符合企业实际情况的预算方案。同时,智能化技术还可以对预算执行情况进行实时监控和分析,及时发现潜在的问题和风险,为企业决策提供有力支持。而且,智能化技术还可以提升预算规划的透明度和参与度。通过可视化工具和交互式界面,企业可以让更多的员工参与到预算规划的过程中来,充分吸收他们的意见和建议。这不仅可以增强员工的归属感和责任感,还可以提升预算规划的合理性和可行性。

2. 机器学习技术揭示企业未来发展趋势

预测分析是企业决策的重要依据,它可以帮助企业洞察市场趋势、把握发展机遇、规避潜在风险。然而,传统的预测分析方法往往受限于数据质量和处理能力,难以准确揭示未来趋势。而机器学习技术的兴起,为预测分析提供了新的解决方案。机器学习是一种基于数据的算法,它可以通过对大量历史数据的学习和分析,自动发现数据中的模式和规律,并据此对未来进行预测。与传统的统计方法相比,机器学习技术具有更强的自适应性和泛化能力,可以处理更加复杂和多变的数据情况。在预测分析中,机器学习技术可以应用于多个场景。例如,在市场需求分析中,企业可以利用机器学习技术对消费者行为、产品销量等数据进行建模和预测,从而准确把握市场趋势和消费者需求。在供应链管理中,机器学习技术可以帮助企业预测供应商的交货时间、库存需求等关键指标,优化库存管理和物流计划。在财务风险管理中,机器学习技术可以对企业的财务报表、市场数据等进行深度挖掘和分析,及时发现潜在的财务风险和欺诈行为。机器学习技术的应用不仅提升了预测分析的准确性和效率,还为企业带来了更多的商业机会和价值。通过深度挖掘数据中的信息和价值,企业可以更加精准地把握市场机遇、优化资源配置、提升运营效率。同时,机器学习技术还可以帮助企业发现新的商业模式和创新点,为企业的可持续发展注入新的动力。

（二）人工智能在成本控制与优化中的应用

1. 成本控制的智能化方法

（1）实时数据处理与预测分析

通过集成物联网（IoT）、云计算以及大数据技术，企业能够实时收集并整合内部运营和外部市场环境的海量信息。人工智能算法，如机器学习可以快速对这些数据进行深度挖掘和分析，精准预测未来成本走势，帮助企业及时发现潜在的成本波动点，并提前制定应对策略。例如，在生产制造环节，通过 AI 监控设备运行状态及资源消耗情况，实时优化资源配置以减少浪费和停机成本。

（2）自动化流程管理与决策支持

AI 技术可以实现对企业各业务流程的自动化监控和管理，比如运用智能机器人进行物料采购、库存管理和质量控制等环节的操作，有效降低人工干预导致的错误率和时间成本。同时，基于 AI 的决策支持系统可为管理者提供多维度的成本效益分析报告，辅助决策者做出最优成本控制决策。例如，在供应链管理中，AI 驱动的智能物流路线规划可以显著降低运输成本，而自动化的财务审核则能有效提升账目处理效率，从而节约大量的人力与时间成本。

2. 基于人工智能的成本优化策略

（1）动态成本优化与精益化管理

借助于 AI 强大的计算能力和模型构建优势，企业能够实现动态成本优化。通过对生产、销售、服务全过程的数据连续追踪和建模分析，AI 可以帮助企业识别无效或低效的作业活动，实现精细化成本管理。例如，在工程造价领域，利用 AI 模拟不同施工方案的成本效果，选取最经济可行的方案；在服务行业，根据客户行为数据预测需求变化，动态调整人力、物力资源分配，达到成本与服务质量的最佳平衡点。

（2）智能预警与持续改进机制

利用人工智能建立的成本预警系统能够在成本超出预算阈值时迅速发出警报，并深入剖析原因，提出改善建议。这种机制不仅能防范成本超支风险，还能促进企业形成持续改进的成本文化。比如在研发项目中，AI 可以根据历史项目数据和当前进展实时更新成本预测，并在出现偏差时提醒项目组采取行动。此外，AI 还可结合先进的仿真技术和模拟实验，低成本地探索各种可能的成本削减途径，助力企业实现持续的成本优化。

(三)人工智能在财务报告与分析中的应用

1. 自动化财务报告生成技术

在传统的财务报告编制过程中,企业需要投入大量的人力和时间进行数据的收集、整理、核对和报告编写。这个过程不仅烦琐,而且容易出错,难以保证报告的准确性和及时性。而自动化财务报告生成技术的出现,彻底改变了这一现状。自动化财务报告生成技术通过预设的算法和模板,能够自动从企业的财务系统中提取数据,并进行智能化的处理和分析。在数据提取方面,自动化技术可以与企业的 ERP、CRM 等系统进行无缝对接,实时获取所需的财务数据。在数据处理和分析方面,自动化技术可以利用机器学习、自然语言处理等技术对数据进行清洗、分类、聚合等操作,生成符合会计准则和监管要求的财务报告。而且,自动化财务报告生成技术的优势在于大大提高了报告的生成效率和质量。一方面,自动化技术减少了人工操作的环节,避免了人为错误和延误,保证了报告的准确性和及时性。另一方面,自动化技术可以根据企业的实际需求进行定制化开发,满足企业特定的报告要求,提高了报告的灵活性和可用性。并且,自动化财务报告生成技术还可以降低企业的财务成本。由于减少了人工编制报告的工作量,企业可以节省大量的人力成本和时间成本。同时,自动化技术还可以帮助企业实现财务报告的标准化和规范化,提高了企业的财务管理水平和形象。

2. 基于人工智能的财务数据分析方法

在传统的财务分析中,分析师需要依靠个人的经验和知识对数据进行解读和分析。然而,面对海量的财务数据和复杂的市场环境,传统的分析方法往往显得力不从心,难以发现数据背后的深层次规律和趋势。而基于人工智能的财务数据分析方法则为企业提供了全新的解决方案。基于人工智能的财务数据分析方法利用机器学习、深度学习等技术对数据进行深度挖掘和分析。通过对历史数据的训练和学习,人工智能模型可以自动识别出数据中的模式和规律,并据此对未来进行预测和推断。这种分析方法不仅可以发现数据之间的关联性和趋势性,还可以揭示出隐藏在数据背后的深层次信息和价值。在具体应用中,基于人工智能的财务数据分析方法可以用于多个方面。例如,在预算编制过程中,企业可以利用人工智能模型对历史数据进行模拟和分析,找出影响预算的关键因素和变量,并据此制定更加科学、合理的预算方案。在成本控制方面,人工智能模型可以帮助企业发现成本中的异常值和浪费现象,并提供有针对性的优化建议。在投资决策中,人工智能模型可以对市场趋势进行预测和分析,为企业提供有价值的投资建议和风险提示。一方面,人工智能模型可以处理海量的数据和信息,避免了人为因素的干扰和限制,保证了分析的客观性和准确性。另一方面,人工智能模型可以实时更新和优化自身的算法和模型结构,以适应不断变化的市场环境和企业需求。

第四节　云计算在管理会计中的应用

一、云计算对于管理会计的深远影响

(一)实时数据整合与决策支持的强化

传统的管理会计往往受限于数据收集、整理、分析的时间延迟,而云计算提供了强大的数据存储与运算能力,能够实现企业内部乃至跨组织、跨地域的数据实时同步和集成。这使得管理会计师能快速获取到全面且精确的业务运营数据,包括但不限于成本、收入、利润等财务指标以及客户行为、市场趋势等非财务信息。基于此,他们可以运用云端先进的数据分析工具进行深度挖掘和模型构建,为管理层提供更为及时、精准的决策支持,如预算编制、绩效评价、投资决策等方面。

(二)智能化财务管理与高效流程优化

云计算推动了财务管理系统的云化转型,实现了管理会计工作的在线协同与自动化。通过部署在云端的 ERP(企业资源计划)系统、CRM(客户关系管理)系统以及其他各类智能应用,管理会计师得以摆脱繁复的手工计算和报表制作,转向更高层次的战略规划与决策分析。此外,云计算提供的流程自动化服务可以帮助企业简化报销、采购、支付等财务管理环节,减少人为错误,提高工作效率,同时加强内部控制,有效降低运营风险。

(三)灵活敏捷的资源配置与成本控制

云计算赋予了管理会计更大的灵活性与适应性。一方面,基于订阅式的付费模式使得企业在 IT 投入方面可以根据自身需求灵活调整,避免一次性高昂的投资成本,符合管理会计中"成本效益原则"的核心理念。另一方面,借助云计算的强大算力与扩展性,企业能更准确地预测和模拟不同经营策略下的成本结构和盈利水平,从而进行更有效的资源配置与成本控制。例如,运用云计算进行多维度的成本中心分析、作业成本法计算等复杂操作,帮助企业从全局视角审视并优化成本构成,提升整体经济效益。

(四)协作共享与战略驱动的价值创造

在云端平台上,各部门可以轻松访问统一、完整、最新的会计信息,便于制定与执行一致的经营策略,实现战略目标。与此同时,管理会计师能够通过云计算平台与其他职能团队紧密合作,将财务指标与非财务指标相结合,推动企业的价值创造活动,如价值链分析、平衡计分卡应用等,助力企业持续改进业绩,创造长期竞争优势。

二、云计算在管理会计中的应用

(一)云计算在管理会计中的应用方式

1. 云计算与会计信息化的融合

会计信息化是企业信息化的重要组成部分,旨在通过信息技术手段提高会计工作的效率和准确性。而云计算作为一种新兴的信息技术架构,为会计信息化提供了新的发展方向和实现路径。在云计算模式下,企业可以将会计信息系统部署在云端,实现数据的集中存储和共享。这样一来,会计人员可以随时随地通过互联网访问会计信息系统,进行实时的数据录入、查询和分析,大大提高了会计工作的灵活性和便捷性。同时,云计算的弹性扩展能力可以根据企业的业务需求动态调整资源配置,确保会计信息系统在高并发、大数据量等复杂场景下依然能够稳定运行。而且,企业无须购买昂贵的服务器和存储设备,也无须担心数据的安全性和备份问题。云服务提供商会负责数据的存储、备份和安全防护工作,确保企业数据的安全性和可用性。

2. 基于云计算的会计数据存储与处理

在传统的会计工作中,企业需要投入大量的人力和物力进行数据的收集、整理、存储和处理。而基于云计算的会计数据存储与处理则可以实现数据的自动化和智能化管理,大大提高了会计工作的效率和质量。在云计算模式下,企业可以将海量的会计数据存储在云端,实现数据的集中管理和共享。云服务提供商会提供高效的数据存储和访问机制,确保数据的快速读取和写入。同时,云服务提供商还会提供强大的数据处理和分析能力,帮助企业对会计数据进行深度的挖掘和分析。基于云计算的会计数据存储与处理不仅可以提高数据的处理效率和质量,还可以为企业提供更准确、更全面的数据支持。通过对会计数据的深度分析,企业可以更好地了解自身的财务状况和经营情况,为决策提供有力的数据支持。

3. 云计算在会计报表编制中的应用

会计报表是企业财务状况和经营成果的重要体现,也是投资者、债权人等利益相关者了解企业情况的重要途径。而云计算在会计报表编制中的应用则可以实现报表的自动化生成和智能化分析。在云计算模式下,企业可以利用云服务提供商提供的会计报表模板和工具,实现报表的自动化生成。会计人员只需要输入相应的数据和信息,系统就可以自动生成符合会计准则和监管要求的会计报表。这样一来,不仅大大提高了报表的编制效率和质量,还减少了人为错误和舞弊的可能性。同时,云服务提供商还可以提供智能化的报表分析功能。通过对会计报表的深度挖掘和分析,系统可以自动生成各种财务指标和比率,帮助企业更好地了解自身的财务状况和经营情况。这些分析结果可以为企业的决策提供有力的数据支持,帮助企业做出更科学、更合理的经济决策。

(二)云计算在管理会计中的高级应用

1. 基于云计算的预算管理与决策支持

预算管理是企业财务管理的核心环节之一,它涉及到企业资源的分配、计划的执行以及业绩的评价等多个方面。而基于云计算的预算管理与决策支持系统可以帮助企业更加科学、合理地进行预算编制和决策分析。在预算编制方面,云计算可以提供强大的数据处理和分析能力,帮助企业快速收集、整理和分析历史数据,预测未来趋势,从而制定出更加准确、可靠的预算方案。在决策支持方面,云计算可以提供多维度的数据分析功能,帮助企业从多个角度审视预算执行情况,发现预算执行过程中的问题和偏差,及时进行调整和优化。此外,云计算还可以提供风险评估和预警功能,帮助企业识别和应对潜在的财务风险和市场风险,确保预算目标的顺利实现。

2. 云计算在成本分析与控制中的应用

成本分析与控制是企业财务管理的重要组成部分,它关系到企业的盈利能力、竞争优势以及长期发展。而云计算在成本分析与控制中的应用则可以帮助企业更加精细、准确地管理成本。云计算可以提供全面的成本数据采集和整合功能,确保企业能够获取到准确、完整的成本数据。通过对这些数据的深度挖掘和分析,企业可以更加清晰地了解到各项成本的构成和变动趋势,为成本控制提供有力的数据支持。而且,云计算可以提供多维度的成本分析功能,帮助企业从多个角度审视成本结构,发现成本中的不合理和浪费现象,及时进行优化和调整。例如,企业可以利用云计算对生产成本、销售成本、管理成本等各项成本进行详细的对比分析,找出成本控制的关键点和潜力所在。并且,通过对历史数据的训练和学习,云计算可以自动识别出影响成本的关键因素和变量,并据此制定出更加科学、合理的成本控制方案。这种智能化的成本控制方式不仅可以提高成本控制的准确性和效率,还可以帮助企业实现成本的持续优化和降低。

3. 云计算在绩效评估与激励中的应用

云计算可以提供全面的绩效评估数据采集和整合功能,通过对员工的工作表现、业绩成果、培训学习等各项数据的收集和分析,企业可以更加全面地了解到员工的绩效情况和发展潜力,为绩效评估提供有力的数据支持。而且,企业可以根据不同的岗位和职责设定不同的评估指标和权重,利用云计算对各项指标进行自动化的计算和排名,从而得出客观、公正的绩效评估结果。这种多维度的绩效评估方式可以更加全面地反映员工的绩效情况和发展需求,提高员工的认同感和归属感。并且,通过对员工的绩效评估结果进行深入的分析和挖掘,云计算可以自动识别出员工的优点和不足,并据此制定出更加个性化的激励方案。这种智能化的激励方式不仅可以提高员工的积极性和创造性,还可以帮助企业留住优秀人才,提升企业的整体竞争力。

第五章　数字化时代的管理会计信息系统

第一节　管理会计信息系统的概念

一、管理会计信息系统概述

（一）管理会计信息系统的定义

1. 技术角度

从技术层面看,管理会计信息系统是现代信息技术与先进管理理念相结合的产物。它充分运用计算机、网络通信、数据库、大数据分析等先进技术,对企业管理会计所需的各类数据进行高效、准确的采集、存储、处理和传输。这个系统不仅实现了数据的快速处理和实时传输,还能对复杂数据进行深度挖掘和多维度分析,为企业的决策提供更为全面、深入的信息支持。

2. 功能角度

从功能层面讲,管理会计信息系统是一个集成了多个功能模块的综合系统。这些功能模块包括但不限于数据采集、整理、分析、报告等,它们共同协作,确保企业能够获取到全面、准确的管理会计信息。这些信息不仅包括传统的财务数据,如成本、收入、利润等,还包括非财务数据,如市场趋势、客户需求、竞争对手情况等。通过对这些信息的综合分析和利用,管理会计信息系统能够帮助企业更加清晰地了解自身的经营状况和市场环境,为企业的战略规划、决策制定、资源配置等提供有力的信息支持。同时,管理会计信息系统还强调信息的准确性、可靠性、及时性和可用性。它利用先进的技术手段和严格的数据管理流程来确保信息的准确性和可靠性;通过实时的数据处理和传输技术来满足企业对信息及时性的需求;提供友好的用户界面和便捷的操作方式,以降低用户的使用难度和学习成本,提高信息的可用性。

（二）管理会计信息系统的原则

1. 系统集成原则

在现代企业信息化建设中,系统集成原则对于管理会计信息系统而言,不仅是一个基本要求,更是提升企业管理效率和决策水平的关键所在。管理会计信息系统作为企业内部信息管理的重要组成部分,其各功能模块应被有效集成于企业整体信息系统之中,与财务和业务信息系统形成紧密的结合,从而实现信息的集中统一管理和自动化生成。系统集成原则要求管理会计信息系统各功能模块之间要实现高度的协同与整合。这种协同不仅仅是技术层面的简单对接,更是业务流程、数据标准和功能逻辑的全面融合。通过将管理会计信息系统与企业的财务、业务信息系统进行深度融合,可以确保信息的完整性和准确性在各部门、各业务流程之间得到有效传递和利用。这种整合不仅提高了信息的处理效率,还降低了信息孤岛和重复劳动的风险。系统集成原则还强调信息的自动化生成和流转。在传统的企业管理模式下,信息的传递和处理往往依赖于手工操作或简单的电子化处理,这种方式不仅效率低下,而且容易出错。而系统集成原则要求管理会计信息系统能够实现从业务发生到财务信息记录,再到管理会计信息生成的全程自动化处理。这意味着系统需要具备强大的数据处理能力和智能分析功能,能够实时、准确地捕捉和解析企业运营过程中的各种信息,并将其转化为对决策有用的管理会计信息。对此,企业要制定统一的信息标准和规范,确保不同系统之间的数据格式、交换协议等的一致性。这是实现系统集成的基础和前提。其次,要采用先进的信息技术手段,如云计算、大数据处理等,构建高效、稳定的信息处理平台。这些技术手段可以帮助企业实现信息的快速处理、存储和传输,提高信息的可用性和可访问性。

2. 数据共享原则

在数字化时代,数据已经成为企业运营和决策的核心资产。对于管理会计信息系统而言,实现数据共享是提升系统效能、优化管理决策的关键所在。数据共享原则要求企业在构建管理会计信息系统时,应实现系统间的无缝对接,确保数据能够在不同系统之间顺畅流动、实现一次采集、全程共享。在传统的企业管理模式下,由于各部门、各系统之间缺乏有效的数据共享机制,导致大量数据被重复采集、存储和处理,不仅浪费了资源,还增加了数据出错的风险。而实现数据共享后,企业可以确保数据的准确性和一致性,避免重复劳动和数据冗余,提高数据的利用效率和价值。而且,通过实现数据的全面共享和整合利用,企业可以获取到更全面、更准确的数据信息,为决策提供更有力的支持。同时,共享数据还可以促进不同部门之间的信息交流和协作,打破部门壁垒和信息孤岛,提高企业的整体运营效率和响应速度。通过采用先进的数据处理技术和工具,对数据进行清洗、整合和挖掘利用,提高数据的质量和可用性。而且,要制定统一的数据标准和规范,确保不同系统之间的数据格式、定义和分类等的一致性。这样可以避免数据在传输和共享过程中出现失真或歧义现象。并且,企业还需要加强数据安全和隐私保护工作。在共享数据的同时,要确保数据的机密性、完整性和可用性不受损害。通过采用加密技术、访问控制等安全措施以及制定严格的数据使用和管理制度来保障数据的安全性和隐私性。

3. 灵活扩展原则

随着市场环境的不断变化和企业业务的持续发展,管理会计信息系统需要具备灵活扩展性以应对各种挑战。灵活扩展原则要求管理会计信息系统在设计时考虑到未来可能的变化和需求,通过及时补充相关参数或功能模块来适应环境、业务、产品、组织和流程等的变化。

灵活扩展原则对于管理会计信息系统而言至关重要。首先,它有助于降低系统升级和维护的成本。在传统的系统设计模式下,每当企业业务发生变化或需要新增功能时,往往需要对整个系统进行大规模的改造或重构。这不仅耗费时间和资源,还可能影响系统的稳定性和可靠性。而遵循灵活扩展原则设计的系统则可以通过简单地添加或修改部分功能模块来适应新的需求,大大降低了升级和维护的成本。而且,市场环境和企业业务的变化是不可避免的,一个僵化的系统很难应对这些变化带来的挑战。而一个具备灵活扩展性的系统则可以根据实际需要快速调整和优化自身功能,保持与市场和业务的同步发展。对此,企业应采用模块化和组件化的设计思想,将系统划分为多个独立的功能模块和组件,每个模块和组件都具有清晰的接口和定义。这样可以根据需要灵活地添加、删除或替换某个模块或组件,而不影响其他部分的正常运行。而且要制定统一的扩展标准和规范,确保新增的功能模块能够与现有系统无缝对接。这需要企业在设计初期就充分考虑到未来可能的变化和需求,制定出一套完善的扩展机制和规范。不仅如此,企业还需要加强对员工的培训和引导,提高他们的系统操作能力和扩展意识。只有员工能够熟练掌握和使用系统的扩展功能,才能充分发挥灵活扩展原则的优势,提升系统的适应性和生命力。

(三)管理会计信息系统的应用环境

1. 对企业战略、组织结构、业务流程、责任中心的清晰定义

在现代企业管理中,一个清晰明确的战略是至关重要的。它不仅能够引导企业在复杂多变的市场环境中找到自身的定位,还能够激发员工的归属感和使命感,形成强大的内部凝聚力。因此,企业必须对其战略进行深思熟虑,确保每一位员工都能对其有清晰的认识和理解。而一个高效的组织结构应该能够明确各部门和岗位的职责和权限,确保企业各项工作的顺利开展。同时,组织结构还需要具备一定的灵活性,以适应企业战略调整和市场变化的需要。所以,企业在设计组织结构时,必须充分考虑到企业的实际情况和发展需求,力求做到科学、合理、高效。并且,业务流程是企业日常运营的基础,它涉及到企业各个环节的衔接和协作,直接影响到企业的工作效率和质量。一个清晰、规范的业务流程能够确保企业各项工作的有序进行,减少浪费和损耗。对此,企业必须对其业务流程进行细致入微的梳理和优化,确保每一个环节都能紧密衔接,形成一个高效运转的整体。不仅如此,责任中心是企业实现战略目标的重要载体,它将企业的战略目标分解为各个具体的责任领域,明确各责任中心的任务和目标。通过建立责任中心,企业可以更加清晰地了解各部门和岗位的工作进展和绩效表现,为企业的决策和考核提供有力的依据。这就要求企业根据其战略目标和实际情况,合理划分责任中心,确保各项工作的顺利开展和目标的实现。

2. 设立具备管理会计职能的相关部门或岗位与其应用基础及流程

在现代企业中,管理会计已不再是简单的财务数据记录与分析,而是深入到企业决策、战略规划与日常运营中的关键环节。因此,设立具备管理会计职能的相关部门或岗位显得尤为重要。这些部门或岗位不仅负责收集、整理和分析财务数据,更重要的是它们能够将这些数据转化为对决策有价值的信息,帮助企业实现战略目标。管理会计的应用基础包括一系列工具和方法,如成本控制、预算管理、绩效评价等。这些工具和方法在企业的实际应用中需要不断调整和优化,以适应企业内外部环境的变化。具备管理会计职能的部门或岗位应当熟练掌握这些工具和方法,并能够根据企业的实际情况进行灵活应用。与此同时,清晰的管理会计应用流程也是确保管理会计职能有效发挥的关键。这一流程应当明确数据的来源、处理方法和输出形式,确保数据的准确性和时效性。此外,流程中还应当包含对数据的验证和复核环节,以保证数据的质量和可靠性。在实际操作中,具备管理会计职能的部门或岗位应当与企业其他部门和岗位保持紧密的合作与沟通。它们需要了解企业的业务特点和运营模式,以便更好地为企业提供决策支持。同时,它们还需要关注企业的战略目标和市场动态,以便及时调整和优化管理会计的应用策略和流程。通过设立具备管理会计职能的相关部门或岗位,并建立起坚实的应用基础和清晰的应用流程,企业可以更加有效地利用财务数据来指导决策、规划战略和监控运营。这有助于企业提升竞争力、实现可持续发展并创造更大的价值。

3. 企业的财务和业务信息系统应用基础

一个相对成熟的财务会计系统是企业财务管理的基础,它能够准确、高效地记录和处理企业的各项财务交易,生成财务报表和财务指标,为企业的决策提供及时、准确的数据支持。这样的系统不仅提高了财务工作的效率,更通过自动化和智能化的手段,降低了人为错误的风险,提升了财务数据的准确性和可靠性。除了财务会计系统,业务信息系统的应用也同样重要。经营计划管理、采购管理、销售管理、库存管理等基础业务管理职能的信息化,能够帮助企业实现业务流程的标准化和规范化,提升业务处理的效率和质量。这些系统通过数字化的手段,将企业的各项业务流程固化在系统中,确保了业务处理的准确性和一致性。当企业的财务和业务信息系统应用基础扎实时,企业的运营管理将更加高效、规范。各部门之间能够实现信息的实时共享和沟通,打破了信息孤岛和部门壁垒,提升了企业的整体协同效率。同时,这些系统还能够为企业提供丰富的数据分析功能,帮助企业发现运营中的问题和机会,为企业的决策提供有力的数据支持。

二、管理会计信息系统的建设和应用程序

(一)管理会计信息系统的建设

1. 管理会计信息系统的规划

在管理会计信息系统的规划环节,企业必须将其置于企业信息系统建设的宏观视野中。这意味着,管理会计信息系统的规划并非孤立存在,而是要与企业的整体信息系统建设相互融合、相互促进。企业应根据自身的战略目标和管理会计的应用目标,深入剖析和明确管理会计的具体应用需求。这些需求应既体现企业的长远规划,又反映当前的实际需求,确保管理会计信息系统的建设能够稳步前行。在这一过程中,企业应保持规划的灵活性和前瞻性,以便随着企业内外部环境的变化及时调整和优化管理会计信息系统的建设路径。通过这样的规划,企业不仅能够提升管理会计信息系统的建设效率,还能够确保其与企业的整体信息系统建设和谐共生,共同服务于企业的战略目标的实现。

2. 管理会计信息系统的实施

(1)项目准备阶段

在企业决定构建管理会计信息系统的初期,项目准备阶段显得尤为关键。这一阶段的工作不仅为后续的系统设计和实现奠定基础,更是确保项目能够

顺利推进的重要保障。确定实施目标、实施组织范围和业务范围是项目准备阶段的首要任务。企业明确管理会计信息系统的建设目的,是为了提升财务管理效率、优化决策流程,还是为了实现更高效的资源配置?同时,还需要界定项目的实施范围,明确哪些部门和业务将纳入系统中,这有助于后续的资源分配和计划制定。而调研信息系统需求是确保系统建设符合企业实际需求的关键步骤。通过深入了解各部门的业务需求、工作流程和数据需求,企业可以更加准确地把握系统的功能设计和数据架构。这一过程中,与各部门的充分沟通和协作至关重要,只有真正了解用户的需求和痛点,才能构建出真正符合企业需求的管理会计信息系统。而且,企业需要对项目的技术可行性、经济可行性和组织可行性进行全面评估。技术可行性分析主要关注当前的技术水平和资源是否支持系统的建设;经济可行性分析则考虑项目的投资回报和成本效益;组织可行性分析则关注企业的组织结构、文化和管理模式是否适合引入新的信息系统。并且,企业需要制订详细的项目计划,明确各阶段的时间节点、任务分工和关键里程碑,还需要进行资源安排,确保项目所需的人力、物力和财力得到充分保障,建立项目管理标准也是必不可少的,它可以帮助企业规范项目管理流程,确保项目的质量和进度得到有效控制。

(2)系统设计阶段

在设计阶段之初,企业需要对现有的信息系统应用情况、管理会计工作现状和信息系统需求进行深入调查。这包括对现有系统的功能、性能、用户满意度等方面的评估,以及对管理会计工作的流程、标准、痛点等方面的了解。通过这些调查,企业可以更加清晰地认识到现有系统的不足和改进方向,为新系统的设计提供有力依据。接下来,企业需要梳理管理会计应用模块和应用流程。这包括确定系统中需要包含哪些功能模块,如预算管理、成本控制、绩效评价等,以及这些模块之间的逻辑关系和数据流向。同时,还需要对应用流程进行细化设计,确保系统的操作流程符合企业的实际业务逻辑和用户需求。在梳理清楚应用模块和应用流程后,企业便可以据此设计管理会计信息系统的实施方案。这包括系统的技术架构选择、数据库设计、界面设计、安全策略制定等方面的工作。在实施方案的设计过程中,企业需要充分考虑系统的可扩展性、可维护性和易用性,确保系统在未来能够满足企业不断增长的业务需求。并且,企业还需要与系统设计团队保持密切沟通,及时反馈和调整设计方案。通过多次的迭代和优化,最终形成一个既符合企业实际需求又具备高度灵活性和可扩展性的管理会计信息系统实施方案。

(3)系统实现阶段

由于管理会计信息系统需要处理大量的数据,因此必须建立一套统一、规范的数据标准,以确保数据的准确性和一致性。这包括确定数据的格式、编码规则、命名规范等,以及建立数据字典和数据质量管理制度。通过数据标准化建设,企业可以消除数据孤岛和冗余数据,提高数据的利用效率和准确性。而系统配置是根据设计方案对系统进行基础设置和参数配置的过程。这包括配置系统的网络环境、硬件设备、操作系统、数据库等基础设施,以及设置系统的用户权限、安全策略、业务流程等参数。通过合理的系统配置,企业可以确保系统的稳定性和安全性,提高系统的运行效率和用户体验。并且,功能和接口开发是实现系统各项功能和与外部系统交互的重要环节。企业需要根据设计方案和开发计划,逐步完成各功能模块的开发和测试工作。同时,还需要开发与外部系统的接口,如与财务系统、供应链系统、客户关系系统等的数据交换和共享。在开发过程中,企业需要注重代码的质量和可维护性,确保系统的稳定性和可扩展性。不仅如此,通过单元测试,企业可以确保每个功能模块都能够按照设计要求正常运行,并发现潜在的问题和缺陷。在测试过程中,企业需要建立详细的测试计划和测试用例,对每个功能模块进行严格的测试和验证,还需要对测试中发现的问题进行及时跟踪和修复,确保系统的质量和稳定性。

(二)管理会计信息系统的应用程序

1. 输入环节

为了确保数据的准确性和完整性,管理会计信息系统需要提供已定义清楚数据规则的数据接口。这些接口应能够自动采集财务和业务数据,确保数据的实时性和准确性。同时,系统还应支持手工录入功能,以满足相关业务调整和补充信息的需要。在手工录入时,系统应提供必要的校验和提示功能,以最大限度地减少数据录入错误。在数据输入的过程中,企业还需注重数据的质量管理。这包括对数据进行清洗、去重、转换等预处理操作,以确保数据的规范性和一致性。同时,企业还应建立数据质量监控机制,定期对输入环节的数据质量进行检查和评估,及时发现并解决潜在的数据问题。随着企业业务的不断发展和变化,管理会计信息系统还需具备灵活的数据采集和适应能力。这要求系统能够支持多种数据来源和数据格式的采集,并能够根据业务需求进行灵活的数据处理和转换。输入环节作为管理会计信息系统的数据入口,其重要性不言而喻。企业必须高度重视输入环节的建设和管理,确保为系统提供准确、完整、及时的数据支持。

2. 处理环节

在这个环节中,数据挖掘、在线分析处理等商业智能技术发挥着重要作用。这些技术可以对海量数据进行综合查询、分析统计,帮助企业发现数据背后的规律、趋势和关联关系。通过这些分析,企业可以更加深入地了解自身的经营状况和市场环境,为决策提供有力支持。同时,管理会计信息系统还应提供丰富的数据处理工具和功能,以满足企业多样化的数据处理需求。这些工具和功能应能够支持数据的排序、筛选、聚合等操作,以及数据的可视化展示和报表生成等功能。通过这些工具和功能的应用,企业可以更加直观地了解数据分析结果,提高决策效率和准确性。随着大数据和人工智能技术的不断发展,管理会计信息系统还需具备更高的数据处理能力和智能化水平。企业应积极探索新技术在数据处理环节中的应用,不断提升系统的数据处理能力和智能化程度,为企业管理提供更加全面、深入的信息支持。

3. 输出环节

输出环节是管理会计信息系统的最终价值体现,它通过提供丰富的人机交互工具和集成通用的办公软件等成熟工具,将处理后的数据以报告的形式展示给用户。这个环节关乎着系统输出结果的可读性、可视化和实用性,对于用户的使用体验和决策效果具有重要影响。为了确保系统输出结果的易读性和可视化,管理会计信息系统应采用直观、清晰的图表和图形来展示数据分析结果。这些图表和图形应能够直观地反映数据的特征、规律和趋势,帮助用户快速理解和掌握数据分析结果。同时,系统还应提供丰富的报表模板和自定义功能,以满足用户多样化的报表需求。除了传统的报表和报告形式外,管理会计信息系统还应支持多种输出结果的展示方式。例如,系统可以将分析结果以仪表盘、数据大屏等形式进行实时展示,帮助用户实时掌握企业运营状况和市场动态。并且,系统还可以将分析结果以短信、邮件等形式推送给用户,以便用户随时随地了解企业信息。在输出环节的建设中,企业还应注重用户的体验和反馈。企业应定期对用户进行调查和访谈,了解用户对系统输出结果的需求和期望,并根据用户反馈进行持续改进和优化。而且,企业还应加强对用户的培训和支持力度,帮助用户更好地理解和应用系统输出结果,提高决策效果和运营效率。

第二节　管理会计信息系统的架构与功能

一、管理会计信息系统架构的原则

(一)战略导向原则

1. 管理会计信息系统的战略导向设计

在当前的商业环境下,企业战略对于企业的发展方向、资源配置和绩效评估都起着决定性的作用。管理会计信息系统作为企业内部管理的重要工具,其设计必须紧密围绕企业的战略目标进行。这意味着系统的每一个功能、每一个模块都应当与企业的战略保持高度一致,确保信息的流动和决策的制定都服务于企业战略的实现。管理会计信息系统不仅仅是一个数据处理和报告生成的工具,它更是企业战略执行和监控的平台。通过系统内置的管理会计工具和方法,企业能够更加精准地衡量和评估各业务单元、各部门甚至各个员工的绩效表现,确保这些表现与企业的战略目标相一致。这种一致性不仅体现在结果的符合度上,更体现在过程的合规性和效率上。为了实现这种战略导向的设计,企业需要在系统规划之初就明确自身的战略目标,并将这些目标细化为可衡量、可操作的绩效指标。这些指标应当贯穿系统的各个层面,从数据的采集、处理,到报告的生成和分析,都应当体现出对战略目标的关注和追求。同时,系统还需要具备足够的灵活性和可扩展性,以便随着企业战略的调整和优化进行相应的更新和升级。

2. 管理会计信息系统对组织绩效的关注功能

组织绩效是企业战略执行效果的重要体现,也是企业管理者和投资者最为关心的内容之一。管理会计信息系统通过其强大的数据处理和分析能力,能够为企业管理者提供全面、准确、及时的组织绩效信息,帮助他们更好地了解企业的运营状况、识别潜在的风险和机会、制定更加科学合理的决策。一方面,系统能够实时跟踪和记录企业的各项业务数据,包括销售额、成本、利润、库存等关键指标,确保这些数据的准确性和完整性。另一方面,系统能够利用内置的管理会计工具和方法对这些数据进行深入的分析和挖掘,发现数据背后的趋势和规律,为企业的决策提供有力的数据支持。而且,系统还能够根据企业管理者的需要生成各种定制化的报告和仪表板,以直观清晰的方式展示组织绩效的各个方面,帮助管理者迅速把握企业的整体运营状况。通过对组织绩效的持续关注和分析,管理会计信息系统不仅能够帮助企业及时发现和解决问题,更能够推动企业进行持续的改进和创新。这种改进和创新不仅体现在业务流程的优化上,更体现在企业战略的调整和优化上。通过这种方式,管理会计信息系统成为了推动企业持续发展的重要力量。

3. 管理会计信息系统对组织行为与战略目标的控制

管理会计信息系统在这方面发挥着至关重要的作用。系统通过设定明确的绩效指标和目标值,对组织的各项行为进行持续的监控和评估,确保这些行为都符合企业的战略目标。

当系统检测到某个部门或员工的行为与战略目标出现偏差时,它会立即发出预警或提示,促使相关部门或员工及时进行调整和纠正。这种实时的监控和反馈机制不仅提高了企业管理的效率和效果,更增强了企业对外部环境变化的适应能力和应对能力。同时,管理会计信息系统还通过其强大的内部控制功能来进一步确保组织行为与战略目标的一致性。系统能够对企业的各项业务流程进行详细的梳理和规范,确保这些流程都符合企业的内部控制要求。通过这种方式,系统不仅提高了企业的业务效率和质量,更降低了企业面临的各种风险和挑战。

(二)全员管理支持原则

1. 全员参与的管理会计信息交互

管理会计信息系统要真正实现全员管理支持,就需要确保信息的全面覆盖与高效交互。这意味着系统不仅要能满足高层管理者的决策需求,还要能服务于基层员工的日常业务操作。每个员工都应当能够方便地获取到与其工作相关的管理会计信息,同时也能将自己的工作成果和数据及时反馈给系统。对此,系统需要设计友好的用户界面和便捷的操作流程。无论是通过电脑还是移动设备,员工都应能随时随地访问系统,查看和更新信息。而且,系统还应提供丰富的数据展示和分析工具,帮助员工更好地理解业务数据,发现潜在问题,提出改进建议。

2. 业务与财务的深度融合

管理会计信息系统要实现全员管理支持,还必须与企业的业务流程深度融合。这意味着系统不仅要能处理财务数据,还要能处理业务数据,实现财务与业务的无缝对接。通过这种方式,员工可以在处理业务的同时,直接获取到相关的财务信息,从而更好地理解业务背后的财务影响。对此,系统需要采用先进的管理会计工具和方法,如作业成本法、平衡计分卡等,将财务数据和业务数据有机结合在一起。而且,系统还应支持多部门、多岗位之间的协同工作,确保信息在各部门之间顺畅流动,提高工作效率。

3. 密集终端门户网的全覆盖

全员管理支持原则还要求管理会计信息系统能配套密集的终端门户网。这意味着系统需要覆盖企业的所有层级和部门,确保每个信息主体都能低成本地交互到其必要的管理会计信息。这种全覆盖的模式不仅可以提高信息的可用性和时效性,还可以加强企业内部的信息共享和沟通。为此,企业需要构建一个统一的信息交互平台,将管理会计信息系统与其他企业信息系统(如ERP、CRM 等)紧密集成在一起。通过这个平台,员工可以方便地访问各种信息系统,获取所需的信息和服务。此外,企业还需要制定一套完善的信息安全和管理制度,确保信息的安全性和准确性。

(三)全程管理支持原则

1. 全面跟踪管理会计活动

管理会计信息系统应当能够全面跟踪管理会计的各项活动,确保信息的连贯性和一致性。在预测阶段,系统应当提供数据分析和模型预测功能,帮助管理者基于历史数据和当前市场趋势进行科学合理的预测。在决策阶段,系统应当提供决策支持工具,如风险评估、成本效益分析等,帮助管理者做出明智的决策。在计划阶段,系统应当支持预算和计划的制定,确保资源的合理分配和目标的明确。在控制阶段,系统应当实时监控业务进程,与计划进行对比分析,及时发现偏差并采取纠正措施。在核算阶段,系统应当准确记录和计算各项成本、收入和利润等财务数据。在分析阶段,系统应当提供强大的数据分析工具,帮助管理者深入挖掘数据背后的业务逻辑和潜在问题。在考核阶段,系统应当支持绩效评估和激励机制的实施,确保员工的工作成果与企业的战略目标相一致。

2. 信息统一收集与加工

管理会计信息系统应当实现信息的统一收集和加工,确保数据的准确性和一致性。系统应当能够与各业务部门的信息系统进行无缝对接,实时获取业务数据并进行预处理。通过统一的数据标准和规范,系统能够确保数据的准确性和可比性。同时,系统还应当提供灵活的数据查询和报表生成功能,满足管理者对信息的多样化需求。此外,系统还应当支持对外部数据的引入和整合,如市场数据、竞争对手数据等,帮助管理者更全面地了解市场环境和行业动态。

3. 提高活动衔接性与关联性

系统应当实现信息的实时共享和更新,确保各部门之间的信息同步和协同工作。通过工作流管理、任务分配和进度监控等功能,系统能够协调各部门之间的工作流程和资源分配,提高工作效率和协同效果。同时,系统还应当支持跨部门、跨层级的信息沟通和决策支持,打破信息孤岛和部门壁垒,促进企业内部的信息共享和资源整合。而为了提高管理会计活动的衔接性和关联性,系统还可以采用一些先进的技术和方法。例如,利用大数据分析和人工智能技术对数据进行深度挖掘和预测分析,为管理者提供更准确、更有针对性的决策支持;利用云计算和移动互联网技术实现系统的远程访问和移动办公,提高工作的灵活性和便捷性;利用物联网技术对业务过程进行实时监控和智能控制,提高业务执行的效率和准确性。

二、管理会计信息系统的功能

(一) 改善管理会计信息系统的架构和服务能力

1. 管理会计信息系统的创新与架构重构

传统的管理会计信息系统主要以核算为主,而现代管理会计信息系统则应以管理为主、核算为辅。因此,在架构设计上,应打破传统会计软件的限制,以管理会计信息系统业务流程为基础,对使用单位的内部、外部财务信息进行整合。通过对数据流程的分析和重构,形成全新的软件逻辑结构和物理结构,以展现管理会计信息系统的特点并完善其功能。在创新过程中,应充分利用企业现有信息化建设的成果,如 ERP、CRM、MES、SCM 等系统。通过打破信息孤岛实现信息共享和资源整合。一个高效的管理会计信息系统应能够将制造企业内部的各个部门、生产经营的各个环节以及供应商、分销网络、顾客等都纳入一个宏观统一的系统资源之中,并对各个环节的运营进行有效控制和监控,以满足制造企业生产经营的需要。

2. 管理会计信息系统在供应链管理中的应用

现代制造企业之间的竞争已不仅仅局限于企业之间的竞争手段,更多的可能是其供应链之间的竞争以及内部管理上的竞争。管理会计信息系统正是一种新型的供应链管理系统,它能够帮助制造企业实现对供应链的有效管理。通过管理会计信息系统,制造企业可以对供应链的各个环节进行实时监控和分析,包括供应商的生产能力、库存状况、物流配送等。这有助于企业及时发现问题并采取相应的措施,确保供应链的顺畅运行。同时,管理会计信息系统还能够提供丰富的数据支持,帮助企业进行供应链的优化和决策。

3. 管理会计信息系统在提升财务管理质量中的作用

除了对供应链的管理外,管理会计信息系统还在提升制造企业财务管理质量方面发挥着重要作用。通过实时收集和处理财务数据,管理会计信息系统能够提供准确、及时的财务信息,帮助企业管理者做出科学的决策。而且,从签订合同开始,整个业务流程就有了依据。项目所经过的所有部门对项目所关联的事项都变得有据可查,这大大提高了制造企业的管理效率。同时,这也加强了对企业内部各部门的监督,降低了财务风险的发生概率。从节约资源的角度来看,管理会计信息系统不仅提高了资源配置的效率,还是大大节约人力、物力、财力及时间的有效方法。通过自动化和智能化的数据处理和分析,企业可以减少对大量人工的依赖,降低人力成本。同时,系统还能够提供精确的数据支持,帮助企业更加精准地进行资源配置和决策制定,避免资源的浪费和损失。

(二)提高制造企业成本管理上的专用性

1. 商品化管理会计软件的局限性

商品化的管理会计软件,虽然为众多企业提供了基本的财务管理和成本控制功能,但由于其通用性和标准化设计,往往难以完全满足企业的特定需求。尤其是在面对复杂的业务流程、多样的成本结构和个性化的管理策略时,这些软件的局限性愈发明显。因此,对于具备一定条件的集团公司或大型企业来说,与软件开发商合作,共同进行软件的开发和升级,成为了一个切实可行的解决方案。

2. 共同开发与升级的路径

共同开发和升级管理会计软件的目标是确保软件能够更紧密地与企业的实际需求相匹配,实现更高的适用性和实用性。这一过程中,企业应明确自身的成本管理目标、业务流程和内部控制要求,与软件开发商进行深入沟通,共同确定软件的开发方向和升级重点。同时,企业还应积极参与软件的测试和优化工作,确保新开发或升级的功能能够真正满足企业的实际需求。并且,共同开发和升级的过程中,企业还可以考虑引入先进的信息技术和数据分析工具,如人工智能、大数据分析和云计算等,以提升软件的智能化和自动化水平。这不仅可以提高软件的处理效率和准确性,还可以为企业提供更全面、更深入的数据分析支持,帮助企业更好地进行成本控制和决策优化。

3. 中小企业的二次开发策略

对于没有条件进行共同开发和升级的中小企业来说,对现有的管理会计软件进行二次开发是一个更为现实的选择。二次开发的目标是根据企业的自身经营特点和成本管理情况,对软件进行针对性的定制和优化,以满足企业的个性化需求和精细化管理要求。在进行二次开发时,企业应对自身的经营特点、成本管理需求和现有软件的功能进行深入的分析和了解。然后,结合企业的实际情况和行业数据,制定详细的二次开发计划,明确开发的目标、重点和时间表。在实施过程中,企业应积极与软件开发商沟通协作,确保二次开发工作的顺利进行。同时,企业还应注重二次开发后的软件测试和优化工作。通过对新开发或优化的功能进行全面的测试和评估,确保其功能完善、性能稳定且符合企业的实际需求。此外,企业还应定期对软件进行维护和更新,以适应不断变化的商业环境和成本管理需求。

(三)通过信息化倒逼企业建立规范的管理会计体系

1. 管理会计信息系统与会计工作流程的重组

随着信息技术的迅猛发展,管理会计信息系统已成为企业提升财务管理效率和质量的重要工具。然而,要充分发挥管理会计信息系统的作用,软件使用单位不仅需要引入先进的软件,还需要进行会计工作流程的重组、全面创新以及建立规范的管理会计体系。传统的会计工作流程往往基于手工操作或简单的电算化处理,已无法满足现代企业对财务管理的高效、准确和灵活要求。因此,按照管理会计信息系统的要求,对自身会计工作流程进行重组显得尤为重要。重组会计工作流程意味着重新设计、优化和整合原有的会计处理流程,使其与管理会计信息系统更好地融合。这包括简化冗余环节、明确岗位职责、强化内部控制以及提高信息处理的自动化程度等。通过重组,企业可以建立起更加高效、规范的管理会计体系,为决策提供及时、准确的信息支持。

2. 全面创新与规范管理会计体系的建立

在重组会计工作流程的基础上,软件使用单位还需要进行全面创新,以进一步提升管理会计的应用能力。这包括对会计信息数据的创新处理、对业务工作流程或组织结构的变革等。创新会计信息数据处理方式可以提高数据的准确性和相关性,为决策提供更有价值的信息。例如,利用大数据和人工智能技术对数据进行深度挖掘和分析,发现潜在的风险和机会。同时,对业务工作流程或组织结构的变革也是全面创新的重要组成部分。通过变革,企业可以打破传统的部门壁垒,实现跨部门的协同合作和信息共享,提高整体运营效率。在全面创新的过程中,建立规范的管理会计体系至关重要。规范的管理会计体系不仅包括完善的制度和流程,还需要有明确的职责分工、有效的内部控制以及持续的培训和学习机制。这些要素共同构成了管理会计体系的基石,确保其稳健运行并持续为企业创造价值。

3. 会计软件开发公司的角色与服务

会计软件开发公司在管理会计信息系统的推广和应用中发挥着举足轻重的作用。除了提供高质量的软件产品外,会计软件开发公司还应致力于提供配套的业务指导和服务。这包括帮助软件使用单位了解并掌握管理会计信息系统的各项功能和应用技巧,指导其进行会计工作流程的重组和全面创新,以及协助建立规范的管理会计体系。通过提供这些服务,会计软件开发公司可以确保软件使用单位能够充分利用管理会计信息系统实现财务管理的目标。

第三节　管理会计信息系统的数据集成与处理

一、管理会计信息系统数据集成与处理的必要性

(一)提高决策效率与准确性

管理会计信息系统的主要功能是为企业提供决策支持。然而,决策的有效性在很大程度上取决于数据的准确性和完整性。通过数据集成,企业可以将分散在各个部门和业务系统中的数据进行整合,形成一个统一的、全面的数据视图。这样,决策者在进行决策时,可以更加全面准确地了解企业的财务状况、经营成果和未来发展趋势,从而做出更加科学、合理的决策。同时,数据处理可以对原始数据进行清洗、转换和标准化,消除数据中的错误、冗余和不一致性,提高数据的质量和可用性。经过处理的数据更加规范、准确,能够为决策提供更有力的支持。因此,数据集成与处理对于提高管理会计信息系统的决策效率和准确性具有至关重要的作用。

(二)加强内部控制与风险管理

随着企业规模的扩大和业务的复杂化,内部控制和风险管理变得越来越重要。管理会计信息系统作为企业内部控制体系的重要组成部分,需要承担起提供准确、及时、全面的管理信息的责任。而数据集成与处理是实现这一目标的关键环节。通过数据集成,企业可以将各个业务环节的数据进行实时采集和整合,确保信息的及时性和准确性。并且,通过对数据的深入分析和处

理,企业可以发现潜在的风险点和异常情况,及时采取措施进行防范和控制。这样,管理会计信息系统不仅能够为企业提供决策支持,还能够加强内部控制和风险管理,保障企业的稳健运营。

(三)推动业务创新与价值创造

在当今快速变化的市场环境中,企业需要不断进行业务创新和价值创造以保持竞争优势。而数据集成与处理正是推动业务创新和价值创造的重要驱动力。通过数据集成,企业可以将来自不同渠道、不同格式的数据进行整合和分析,发现新的业务机会和市场趋势。同时,通过对历史数据的挖掘和处理,企业可以深入了解客户需求和市场变化,为产品研发、营销策略等提供有力支持。这样,管理会计信息系统不仅能够满足企业日常的财务管理需求,还能够推动业务创新和价值创造,为企业创造更多的商业价值。

二、数据集成技术与数据处理

(一)数据集成技术概述

1. 数据集成平台

数据集成平台是企业进行大数据管理和分析的核心基础设施,它旨在解决不同系统间的数据孤岛问题,实现数据的统一整合、处理与分发。该平台通常具备强大的数据接入能力,能从各种异构数据源(如数据库、文件系统、API接口等)抽取数据,并通过预定义或自定义的数据模型,对数据进行清洗、转换和整合。在数据集成平台上,数据被规范化和标准化,便于在全企业范围内共享和利用。此外,平台还支持实时或批量的数据同步更新,确保业务决策所依赖的数据始终保持最新状态。同时,为了满足安全合规要求,数据集成平台还应具备权限管理、审计跟踪等功能,保障数据在整个流转过程中的安全性。

2. 数据抽取、转换和加载(ETL)

从源系统中提取所需的数据,这可能涉及多种类型的数据源,例如关系型数据库、非结构化文件、物联网设备流式数据等。抽取过程中需保证数据完整性和一致性,同时尽量减少对源系统的性能影响。将抽取来的原始数据进行清洗、格式转换、过滤、聚合等一系列操作,使其满足目标数据仓库或分析系统的规范和需求。这一阶段可能会涉及到数据去重、缺失值处理、数据类型转换、业务规则校验等具体任务。经过转换后的数据会被加载到目标存储系统中,如数据仓库、数据湖或特定应用系统,为后续的商业智能分析、报表生成或机器学习算法提供基础数据。

3. 数据集成工具

数据集成工具是实现上述 ETL 过程的技术支撑,比如 Informatica、Talend、Azure Data Factory、AWS Glue 等都是广泛使用的数据集成工具。这些工具不仅提供了图形化的界面,简化了 ETL 流程的设计与实施,还内置了一系列复杂的数据处理函数和算法,可以高效地完成数据清洗、转化及加载工作。除此之外,现代数据集成工具还具有自动化调度、错误处理与恢复、性能监控等特点,以适应大规模、复杂的企业级数据集成项目。通过灵活配置和持续优化,数据集成工具能够帮助企业构建出健壮且高效的全域数据一体化环境,赋能数据分析和决策支持。

(二)管理会计信息系统中的数据处理

1. 数据处理流程

数据处理流程是管理会计信息系统中的核心环节,它确保了原始数据能够被有效地转化为对决策有支持作用的信息。这一流程通常包括数据收集、数据预处理、数据分析与挖掘,以及数据可视化等步骤。涉及从各个源系统(如 ERP、CRM 等)中抽取原始数据,确保数据的完整性和时效性。还包括数据清洗、数据转换和标准化等步骤,旨在提高数据质量,为后续分析奠定基础。并运用统计学、机器学习等方法对数据进行深入分析,发现数据中的模式、趋势和关联。然后将分析结果以图表、报告等形式呈现,便于决策者理解和使用。

2. 数据清洗与校验

数据清洗与校验是数据预处理的重要环节,旨在识别和纠正数据中的错误、异常和不一致性。数据清洗包括去除重复数据、处理缺失值、纠正错误数据等步骤。数据校验则通过设定规则来验证数据的准确性和完整性,如范围校验、格式校验等。这些操作对于确保后续分析的有效性和准确性至关重要。

3. 数据转换与标准化

数据转换与标准化是指将原始数据转换为适合分析和挖掘的格式的过程。数据转换可能涉及数据类型的转换(如将文本转换为数值)、数据结构的转换(如将数据表转换为矩阵)等。数据标准化则是为了消除数据间的量纲差异,使不同来源和性质的数据能够在同一尺度上进行比较和分析。常见的标准化方法包括最小-最大标准化、Z-score 标准化等。

4.数据聚合与分析

数据聚合与分析是数据处理流程中的核心环节,旨在从大量数据中提取有价值的信息和洞见。数据聚合涉及对数据进行分组、汇总和计算等操作,以便从更高层次上理解数据的特征和规律。数据分析则运用各种统计方法和数据挖掘技术来探索数据间的关系、趋势和模式,为企业决策提供支持和依据。

第四节　管理会计信息系统的实施与维护

一、管理会计信息系统实施的内涵

(一)系统集成

管理会计信息系统实施首先涉及对现有会计业务流程的全面梳理和优化,以及新型信息技术的有效融入。在这一阶段,企业需要根据自身的战略目标和管理需求,选择或定制适合的管理会计信息系统,并确保其能够与企业的财务系统、业务系统等其他内部信息系统高度集成,实现数据的无缝对接与共享。同时,系统构建过程中也需充分考虑数据的安全性、准确性和实时性,以支持高效精准的决策分析。

(二)信息处理与报告生成

实施管理会计信息系统的核心价值在于提升信息处理能力,实现从原始数据向管理信息的深度转化。该系统能自动化收集、整理、加工各类经济活动数据,形成满足不同管理层级和职能领域需求的管理会计报告,如成本中心报告、责任中心报告、预算执行报告等。通过精确、及时的信息反馈,帮助企业各级管理者了解经营现状,洞察问题,预测趋势,进而做出科学合理的决策。

(三)决策支持与绩效评价

管理会计信息系统不仅提供数据信息,更应具备强大的决策支持功能。系统运用先进的管理会计理论与方法,如本量利分析、敏感性分析、作业成本法等,为企业战略规划、投资决策、产品定价、资源配置等重大事项提供量化依据。此外,系统还能建立和完善绩效评价体系,通过对各部门、各环节乃至员工个体的成本效益、业绩指标进行实时追踪和动态评估,推动企业持续改进与创新,实现价值最大化。

二、管理会计信息系统实施步骤与维护工作

(一)管理会计信息系统实施步骤

1. 进行测试

主要针对系统各个模块的功能进行独立验证,确保每个功能模块在设计与实现上准确无误,满足业务需求。例如,对成本计算、预算编制、绩效评价等核心模块的输入输出逻辑进行严格检验。在所有模块开发完成后,进行各模块间的数据交互和流程整合测试,以保证整个系统的连贯性和一致性。例如,检查财务数据能否顺畅流转至成本中心,预算数据能否准确关联到各个责任中心等。并且,由最终用户参与,模拟实际工作场景,对系统进行全面试用,检验系统是否满足预期使用效果,包括易用性、稳定性和效率等方面。同时,这一阶段也是对系统功能完善、用户培训以及操作手册编制的重要参考依据。

2. 上线阶段

将旧系统中的历史数据安全、准确地迁移到新系统中,并完成新系统的初始设置,如组织架构、权限分配、基础数据录入等。还要对相关人员进行系统操作培训,使他们熟悉新系统的功能和操作流程,提高工作效率,减少因系统切换带来的不适和混乱。并要在小范围或特定环境下先行试运行,收集使用过程中的问题和改进建议,对系统进行微调优化,直至达到理想状态后再全面推广。在正式上线后,建立健全系统的运维机制,包括定期维护、故障应急处理、性能监控等,同时根据用户反馈和业务发展需求,不断迭代升级系统功能,保持系统的先进性和适用性。

(二)管理会计信息系统维护工作

1. 日常运行维护

企业应建立完善的运维体系,包括定期的系统检查、数据备份、安全防护等工作,以确保系统各项功能始终处于最佳状态。同时,运维团队应具备快速响应能力,对用户在使用过程中遇到的问题进行及时定位和解决,确保系统的稳定性和用户的满意度。在日常运维过程中,企业还应注重系统的性能监控和优化。通过对系统性能的实时监测和分析,可以发现潜在的性能瓶颈和问题,及时进行调整和优化,提升系统的运行效率。并且,企业还应定期对系统进行全面的健康检查,评估系统的整体性能和安全性,为系统的持续改进和升级提供数据支持。

2. 上线后的持续培训

企业应定期组织针对不同用户群体的培训活动,包括系统操作、功能应用、数据分析等方面的内容,以提升用户的操作熟练度和系统应用能力。同时,培训过程中应注重实践操作和案例分析,帮助用户将理论知识转化为实际工作能力。并且,企业还应建立有效的知识传递机制,将系统的使用技巧和最佳实践在内部进行分享和传播。通过定期的经验交流、知识库建设、在线学习平台等方式促进企业内部的知识共享和学习氛围,提升整体的系统应用水平。

3. 系统优化与持续升级

系统优化是一个持续的过程,企业应根据用户反馈和业务发展需求不断完善系统功能。这包括优化用户界面、提升系统性能、增加新的功能模块等,以确保管理会计信息系统始终与企业的发展保持同步。同时,企业还应关注行业发展趋势和新技术应用,及时将先进的理念和技术融入系统中,提升系统的竞争力和创新能力。在持续升级过程中,企业应注重保护用户的数据安全和业务连续性。升级前应进行充分的测试和评估,确保升级过程的顺利进行并最小化对用户的影响。同时,企业还应建立完善的回滚机制,以便在升级出现问题时能够及时恢复系统的正常运行。

第六章 数字化管理会计的实务操作

第一节 预 算 管 理

一、预算管理的目标与原则

(一)预算管理的基本目标

1. 实现资源的高效配置

预算管理通过预算编制、执行和控制等环节,对企业内部的各种资源进行合理配置。在预算编制过程中,企业根据战略目标和经营计划,确定各部门、各项目的资源需求,并结合实际情况进行资源分配。通过预算执行和控制,企业可以实时掌握资源的使用情况,及时发现和解决资源配置中的问题,确保资源能够按照计划高效利用。想要实现资源的高效配置,就需要确保预算编制的科学性和合理性,充分考虑各种因素对企业资源需求的影响,还要加强预算执行过程中的监控和分析,及时发现和解决预算执行中的偏差,并要建立完善的预算调整机制,根据企业内外部环境的变化及时调整预算,确保资源的动态优化配置。

2. 提升企业的经营效率

预算管理通过设定明确的预算目标和考核指标,引导企业内部各部门和员工围绕预算目标开展工作,形成全员参与、全过程控制的预算管理氛围。这种管理方式有助于提升企业的经营效率,它可以明确各部门和员工的职责和目标,避免工作中的推诿和扯皮现象出现,提高工作效率。而且,预算管理可以通过设定合理的考核指标和激励机制,激发员工的工作积极性和创造力,推动企业不断创新和发展。并且,预算管理可以通过对预算执行情况的定期分析和考核及时发现经营管理中的问题并采取改进措施,不断提升企业的管理水平和经营效率。

3. 保障企业战略目标的实现

预算管理作为企业战略管理的重要工具之一,其基本目标之一就是要保障企业战略目标的实现。在预算编制过程中,企业需要根据战略目标和市场环境等因素制定具体的预算目标和计划。通过预算执行和控制等环节,企业可以实时掌握战略目标的完成情况,并根据实际情况进行调整和优化,确保企业战略目标的顺利实现。为了保障企业战略目标的实现,需要加强与企业战略管理的衔接和配合,确保预算目标与战略目标的一致性,并要建立完善的预算考核和激励机制,引导企业内部各部门和员工为实现战略目标而努力,而且要加强对市场环境等因素的监测和分析,及时调整预算计划和策略以适应外部环境的变化。

(二)预算管理的基本原则

1. 全面性原则

全面性原则是预算管理的首要原则,它要求预算过程涵盖企业的所有经济活动和业务领域。这意味着在预算编制、执行、监控和评估等各个环节,都需要全面考虑企业的各项收入、支出、资产和负债等要素。通过对全面性原则的贯彻,企业能够确保预算的完整性和准确性,避免遗漏或重复计算,从而为企业决策提供全面、可靠的数据支持。对此,企业需要建立完善的预算管理体系,明确预算编制的范围和内容,确保各项经济活动和业务领域都被纳入预算管理范畴。同时,企业还需要加强内部沟通协作,确保各部门之间信息共享、密切配合,共同推动预算管理工作的全面开展。

2. 战略性原则

战略性原则是预算管理的核心原则,它要求预算过程与企业战略目标保持高度一致。这意味着在预算编制过程中,企业需要明确战略目标并将其分解为具体的预算指标和任务。通过对战略性原则的贯彻,企业能够确保预算目标与战略目标相互支持、相互促进,从而实现企业整体利益的最大化。因此,企业需要充分了解市场环境、行业趋势和竞争对手情况等信息,结合自身实际情况制定可行的战略目标。在预算编制过程中,企业需要将战略目标细化为具体的预算指标和任务,并明确责任部门和完成时间。而且,企业还需要建立预算执行与战略目标的动态调整机制,确保预算过程始终与战略目标保持高度一致。

3. 绩效性原则

绩效性原则是预算管理的重要原则,它要求预算过程注重绩效评估和激励机制的建立。这意味着在预算执行过程中,企业需要对各部门和员工的预算执行情况进行定期评估,并根据评估结果进行相应的奖励或惩罚。通过对绩效性原则的贯彻,企业能够激发员工的积极性和创造力,推动预算管理工作的持续改进和提升。这就需要企业建立完善的绩效评估体系,明确评估指标和标准,确保评估结果的客观性和公正性。并且,企业还需要建立与绩效评估相匹配的激励机制,对表现优秀的部门和员工给予相应的奖励和晋升机会,对表现不佳的部门和员工进行问责和改进指导。通过绩效评估和激励机制的有机结合,企业能够形成积极向上的预算管理氛围,推动预算管理工作的不断优化和提升。

二、预算编制常见的问题与方法技巧

(一)预算编制的方法与技巧

1. 预算编制的基本流程

(1)明确目标与策略

预算编制首先需要基于企业的整体战略目标,明确预算期内的经营目标、投资计划以及财务政策等核心内容。这一步骤决定了预算的方向性和实用性。

(2)收集信息与数据

根据既定的目标,各部门需提供相应的业务预测数据,如销售预测、成本预测、资本支出需求等,这些翔实的数据为预算编制提供了坚实的基础。

(3)初步编制预算草案

在收集整理相关信息后,财务部门协同各业务部门开始初步编制预算,包括销售收入预算、成本费用预算、资本支出预算及现金流量预算等多个方面。

(4)预算审查与调整

初步预算形成后,由高层管理者进行审核,对比实际业务发展情况、市场环境等因素进行适当调整,确保预算的合理性与可行性。

(5)预算审批与下达

经过多轮修订和完善后的预算方案提交给董事会或者上级管理层审批通过后,正式下达到各个执行部门,并成为各部门在预算期内的行动指南和业绩考核依据。

(6)预算执行与监控

预算批准后进入执行阶段,同时建立完善的预算执行监控机制,定期分析预算执行偏差,及时采取措施予以纠正,以保证预算目标的实现。

2. 预算编制的方式方法和技巧

(1)弹性预算法

考虑业务量变动因素,按不同业务量水平分别编制预算,能够更好地应对市场变化,提高预算适应性和准确性。

(2)滚动预算法

将预算期分为若干个短期预算,每过一段时间就根据实际情况滚动更新下一个预算周期,有利于实时反映市场动态和企业战略调整。

(3)零基预算法

不以上期预算为基础,所有项目从零开始计算,重新评估每一项开支的必要性和效益,有助于减少无效开支,优化资源配置。

(4)参与式预算编制

鼓励各部门积极参与预算编制过程,结合各自的专业知识和经验提出预算建议,可提高预算编制的质量和执行力。

(5)利用信息化工具

借助现代财务管理软件,自动化处理大量数据,提升预算编制效率,同时方便进行模拟分析和敏感性测试,使预算编制更为科学合理。

(6)结合战略导向

在预算编制中充分考虑企业长远发展战略,不仅关注短期财务指标,也要注重长期价值创造,确保预算与企业发展战略协调一致。

(二)预算编制中的常见问题与解决策略

1. 预算编制过程中的常见问题

(1)缺乏足够的市场调研和数据分析

在预算编制过程中,对市场和行业的深入了解是至关重要的。然而,一些企业在编制预算时往往忽视了对市场的调研和对数据的收集分析,导致预算与实际市场情况脱节。这种脱节可能使得企业制定的销售目标、成本预测等关键预算指标失真,从而影响预算的准确性和可行性。

(2)部门间沟通不畅和信息孤岛

预算编制是一个需要多部门协同合作的过程。而在实际操作中,部门间沟通不畅和信息孤岛的问题时有发生。这可能是由于部门间的利益诉求不同、信息传递机制不完善或缺乏统一的预算管理平台等原因造成的。这种沟通不畅和信息孤岛可能导致出现预算编制过程中的重复计算、遗漏重要信息或预算指标分配不均等问题。

（3）预算指标设置不合理

预算指标的设置是预算编制的核心环节之一。但一些企业在设置预算指标时往往存在不合理之处。例如，指标设置过于宽松可能导致企业资源浪费和效率低下；指标设置过于紧凑则可能给企业带来过大的压力，影响员工的积极性和企业的正常运营。此外，一些企业还可能忽视了对非财务指标的设置，导致预算过于关注短期财务成果而忽视长期发展。

（4）预算编制周期过长

预算编制是一个复杂的过程，需要耗费一定的时间和精力。可部分企业的预算编制周期过长，导致预算无法及时反映企业的实际需求和市场变化。这可能是由于预算编制流程烦琐、审批环节过多或缺乏有效的预算管理工具等原因造成的。过长的预算编制周期不仅降低了预算的时效性，还可能影响企业的决策效率和市场竞争力。

2. 预算编制过程中的解决策略

（1）加强市场调研和数据分析

为确保预算与实际市场情况相符，企业需要加强市场调研和数据分析工作。通过收集行业报告、竞争对手信息和消费者需求等数据，企业可以更准确地预测市场趋势和制定销售策略。同时，利用先进的数据分析工具和技术对数据进行深入挖掘和分析，可以帮助企业发现潜在的市场机会和风险点，为预算编制提供更有力的支持。

（2）建立有效的沟通机制和统一的预算管理平台

为解决部门间沟通不畅和信息孤岛的问题，企业需要建立有效的沟通机制和统一的预算管理平台。通过定期召开预算编制会议、设立跨部门协作小组等方式，促进部门间的信息共享和协同合作。同时，利用信息技术手段搭建统一的预算管理平台，实现预算数据的实时更新和共享，提高预算编制的效率和准确性。

（3）合理设置预算指标并建立动态调整机制

为避免预算指标设置不合理的问题，企业需要根据自身实际情况和市场环境合理设置预算指标。这包括确保指标具有挑战性但又切实可行、平衡财务指标与非财务指标的关系以及考虑历史数据和行业标准等因素。同时，企业还需要建立动态调整机制，根据预算执行过程中的实际情况和市场变化及时调整预算指标，以确保预算的灵活性和适应性。

（4）优化预算编制流程和缩短编制周期

为提高预算编制的效率和时效性，企业需要优化预算编制流程和缩短编制周期。这可以通过简化审批环节、采用自动化预算管理工具以及提高预算编制人员的专业素质等方式实现。优化的编制流程和短周期可以帮助企业更快地应对市场变化和内部需求变化,提高企业的决策效率和市场竞争力。

三、预算管理执行过程与控制方法

(一)预算控制方法与管理手段

1. 预算执行过程管理

预算执行过程管理是财务管理的核心环节,它涵盖了预算从制定到落实再到评估的全过程,它的起点在于明确预算目标并将其细化至各个部门与项目,确保所有支出和收入活动均在预算框架内有计划地进行。在执行阶段,企业需要通过建立完善的财务信息系统,实时跟踪并记录各项经济业务,对比预算数据与实际执行情况,实现对预算执行进度及效果的动态监控。同时,在这一过程中强化内部沟通机制,确保各部门之间信息畅通,及时反馈预算执行中出现的问题和偏差,以便于管理层及时作出决策调整。而且,预算执行的过程管理还包括定期进行预算执行分析与评价,通过量化的绩效指标,如预算完成率、成本控制效率等,来衡量预算执行的效果,并将结果反馈到下一轮预算编制中,形成预算管理的闭环。这种持续改进、螺旋上升的管理模式对于提高企业的资源配置效率,防范经营风险,实现战略目标具有重要意义。

2. 预算控制的方法与手段

预算控制作为企业管理的重要工具,其方法与手段多样且系统化。首要的控制方式是对预算进行全面而严格的审批,任何超出预算或未列入预算的支出行为都需经过严密审核才能实施,以此约束企业的经济行为,确保资金流向符合既定的战略规划。企业运用差异分析法,通过比较预算与实际业绩之间的差距(即预算差异),揭示出运营中存在的问题,为管理者提供决策依据。此外,现代企业还广泛应用滚动预算、零基预算等多种预算编制技术,以适应不断变化的市场环境和企业战略需求,增强预算控制的有效性。信息技术的发展也为企业预算控制提供了新的手段,例如,ERP系统能够集成企业内外部信息,实时监控预算执行,预警潜在的风险,实现预算控制的自动化和智能化。

3. 预算执行中的调整与应对

预算执行并非僵硬不变的过程,面对复杂的经济环境和企业内部条件的变化,适时适度地调整预算成为必要。当外部市场环境发生重大变化,如原材料价格波动、政策法规调整等,企业应及时评估其对预算执行的影响,并基于实际情况做出相应调整,以保持预算目标与实际运营状况的一致性。同时,对于内部运营中出现的预算偏差,应深入分析原因,针对不同性质的问题采取针对性措施:若因效率低下导致成本超支,可通过优化流程、提升管理水平等方式予以解决;若因新业务拓展或其他战略调整引发预算变更,则需重新审视原有预算分配,合理调配资源,确保新增项目的顺利推进。

(二)预算分析与评价

1. 预算分析的内容与方法

(1)利润预算执行分析

通过对比实际收入与预算收入、实际成本与预算成本,计算实际利润与预算利润的差异,深入剖析原因,判断是否是市场价格波动、销售策略调整或内部运营效率问题等。

(2)成本费用预算执行情况分析

细究材料费、人力成本、修理费和其他各项费用的实际支出与预算之间的差距,识别超支或节约的具体环节,并判断是否合理。

(3)经济技术指标完成情况分析

如销售收入、产值、利润率等关键业绩指标与预算目标的对照,揭示经营效果是否达到预期目标,为战略调整提供依据。

(4)结构性预算分析

通过研究各预算子项占总预算的比例结构变化,洞察资源配置是否优化,是否存在资源浪费或投入不足的情况。

(5)对标分析与同比增长率分析

借鉴行业标杆企业的绩效表现,比较自身与行业先进水平的差距;同时,通过计算关键预算指标的同比增长率,评估企业在不同时间周期内的成长速度和趋势。

2. 预算评价的标准与指标

(1)预算完成度

考察各项预算指标(如收入、成本、利润等)的实际完成情况与其预设目标的吻合程度,预算完成率是直观反映预算执行好坏的基本指标。

(2)盈利能力指标

如毛利率、净利润率、ROE(净资产收益率)等,反映了企业运用预算资金创造收益的能力。

(3)资产周转率

涉及应收账款周转率、存货周转率等,体现了企业资产运用效率及其与预算设定值的匹配状况。

（4）成本控制指标

如单位产品成本下降率、期间费用降低率等,用于考核企业成本管控水平及预算成本削减计划的执行结果。

（5）风险相关指标

关注流动性比率、资产负债率等财务稳定性指标,确保企业在追求预算目标的同时兼顾到潜在的财务风险。

（6）长期发展指标

包括投资回报率、市场占有率等,着眼于预算对企业长期发展战略的支持作用。

3. 数字化技术在预算管理中的作用

随着信息技术的发展,数字化技术在现代预算管理中发挥着越来越重要的作用,企业可以通过 ERP 系统、财务管理软件等集成平台,实现预算数据的实时采集、整合与分析,提高预算编制的准确性和效率。而且,借助大数据和人工智能技术,可以更精确地预测市场需求、成本变动等因素,使预算编制更为精细化和动态化。同时,数字技术能够支持企业实施滚动预算、零基预算等先进预算管理模式,根据内外部环境变化灵活调整预算,提高预算管理的响应速度和适应性。并且,通过搭建预算执行监控系统,可以自动触发预警信号,及时发现并解决问题,强化预算执行过程中的控制力度。不仅如此,数字化技术还可以助力企业构建全面预算管理体系,将战略规划、业务预算、资本预算和财务预算有机结合起来,形成全方位、多层次的预算管控网络。通过可视化的数据分析报告,管理者可以更直观地了解预算执行现状,做出科学决策,提升企业的整体管理水平和经济效益。

第二节　成本控制

一、成本控制概述

（一）成本控制的定义与重要性

1. 成本控制的定义

成本控制,简而言之,是指企业在生产经营活动中,通过一系列的管理手段和技术方法,对成本的形成和发生进行预先的规划、过程中的监控以及事后的分析考核,旨在确保企业成本目标的实现。这一定义中包含了成本控制的核心要素:规划、监控与分析考核。规划是指根据企业的经营目标和市场环境,制定出合理的成本标准和成本降低措施;监控则是在生产经营过程中对各项成本进行实时的跟踪和管理,确保成本不超出预定标准;分析考核则是对成本控制结果进行评价,总结经验教训,为未来的成本控制提供改进方向。成本控制并非简单的成本削减,而是要在保证产品质量和服务水平的前提下,通过优化生产流程、提高资源利用效率、减少浪费等手段,实现成本的有效控制。它贯穿于企业的各个环节和部门,需要全员参与、全过程管理。成本控制还涉及到企业的战略规划、市场调研、产品设计、材料采购、生产制造、物流配送、销售服务等多个方面,是一个复杂而系统的工程。在成本控制的过程中,企业需要借助现代化的管理工具和技术手段,如成本预测、成本决策、成本计划、成本核算、成本分析和成本考核等,这些手段能够帮助企业更加精准地掌握成本信息,为成本控制提供有力的支持。同时,企业还需要培养一支懂业务、会管理、善沟通的成本控制团队,他们能够在成本控制工作中发挥关键作用,推动成本控制工作的深入开展。

2. 成本控制的重要性

成本控制对于企业的生存和发展具有至关重要的作用,它直接关系到企业的盈利能力、市场竞争力和抗风险能力。首先,成本控制是提高企业盈利能力的重要手段。在激烈的市场竞争中,企业只有通过有效控制成本,才能在保证产品质量和服务水平的前提下,获得更大的利润空间。其次,成本控制是增强企业市场竞争力的重要途径。在同质化竞争日益严重的今天,企业只有通过不断优化成本结构,才能在价格战中占据优势地位,吸引更多的消费者。最后,成本控制也是提升企业抗风险能力的重要保障。在经济环境不稳定、市场风险加大的情况下,企业只有通过严格的成本控制,才能保持稳健的财务状况,抵御外部风险的冲击。除此之外,成本控制还对企业的内部管理、员工激励、文化建设等方面产生积极的影响。通过成本控制,企业可以优化内部资源配置,提高资源利用效率;可以建立科学的员工激励机制,激发员工的工作积极性和创新精神;可以培育节约型企业文化,提升企业的社会责任感和公众形象。因此,成本控制不仅是一项经济管理活动,更是一项提升企业综合实力和实现可持续发展的战略任务。

（二）成本控制的基本原则

1. 全员参与原则

成本控制不是某个部门或某个人的单独任务,而是需要全员参与、共同努力的过程。企业中的每一个员工都是成本控制的参与者和执行者,他们的行为和决策都会直接或间接地影响到成本的发生和控制。因此,企业需要树立全员成本控制的意识,通过培训、宣传、激励等手段,提高员工对成本控制的认识和重视程度。只有当员工真正理解并认同成本控制的重要性,才能在日常工作中自觉地采取节约成本的措施,形成全员参与成本控制的良好氛围。同时,企业还需要建立相应的成本控制责任制度,明确各部门、各岗位在成本控制中的职责和权限,形成权责清晰、分工协作的成本控制体系。

2. 系统控制原则

成本控制是一项系统工程,需要贯穿于企业的各个环节和部门,实现全过程的成本控制。这要求企业在产品设计、材料采购、生产制造、物流配送、销售服务等各个环节中,都要注重成本的控制和管理。企业需要建立完善的成本控制流程和标准,对各个环节的成本进行精细化管理和控制。同时,企业还需要加强部门之间的沟通和协作,避免信息孤岛和重复劳动现象出现,从而提高整体成本控制效率。在实施系统控制原则时,企业还需要注重成本控制的连续性和动态性,根据市场变化和企业发展情况,及时调整成本控制策略和标准,确保成本控制工作的有效性和适应性。

3. 经济效益原则

成本控制的最终目的是提高企业的经济效益和市场竞争力。因此,在实施成本控制时,企业需要遵循经济效益原则,即成本控制所带来的经济效益应当大于成本控制的投入。这要求企业在制定成本控制策略和标准时,需要充分考虑成本控制的投入与产出比,避免过度控制成本而导致出现产品质量下降、客户满意度降低等问题。同时,企业还需要注重成本控制的长期效益和整体效益,避免为了短期利益而损害企业的长远发展和整体利益。在实施经济效益原则时,企业还需要加强成本控制的监督和考核机制,对成本控制成果进行客观评价和奖惩激励,确保成本控制工作的可持续性和有效性。

二、成本控制策略

(一)成本预测与计划

1. 成本预测的方法与技术

成本预测是企业财务管理的重要组成部分,它基于历史数据和未来预期,运用统计学原理、经济理论以及先进的信息技术手段,对未来的成本水平或变动趋势进行科学合理的估计。其目的是为企业决策提供依据,实现有效的成本控制和优化资源配置。在实际操作中,成本预测常用的技术方法包括时间序列分析法、因果关系模型法、回归分析法、移动平均法、指数平滑法等。例如,时间序列分析法通过研究过去一段时间内的成本数据变化规律,推测未来的成本走势;回归分析法则通过对影响成本的各种因素进行统计建模,揭示这些因素与成本之间的定量关系,进而对未来成本做出预测。而且,现代企业在成本预测过程中也广泛应用了计算机模拟技术和人工智能算法,如神经网络预测、支持向量机预测等,以提高预测的准确性和实时性。企业还需要结合内外部环境的变化,如市场供求、原材料价格波动、政策调整等因素,动态更新和完善成本预测模型,确保预测结果的实用性和有效性。

2. 成本计划的编制与调整

成本计划作为企业管理层预先设定的成本管理目标,是指导企业生产经营活动、实施成本控制的重要工具。编制成本计划时,企业需要综合考虑企业的战略规划、经营目标、生产规模、技术水平、市场竞争状况以及资源价格等多种因素,遵循从上至下、由粗到细的原则,逐步细化形成各层级、各部门的具体成本预算。在编制成本计划的过程中,企业通常采用标准成本法、零基预算法、滚动预算法等多种方法和技术,力求使成本计划既具有前瞻性和可行性,又能充分反映成本动因及潜在的改善空间。同时,成本计划的制定并非一次性的静态过程,而应随着企业内外环境的变化适时进行调整和修订。当实际执行过程中出现原材料价格变动、市场需求改变、生产效率提升或下降等情况时,企业应及时收集相关数据信息,运用差异分析法等工具评估成本计划的实际执行效果,并根据实际情况进行合理调整。这种动态调整机制不仅有助于保持成本计划与现实情况的一致性,也有利于激发企业内部持续改进的积极性,促进成本的有效控制与降低。

(二)成本控制方法与技巧

1. 标准成本控制法

标准成本控制法是一种在企业管理中广泛应用的成本管理手段,其核心理念是预先设定一种理想或"标准"的成本水平,并以此为基准对实际发生的成本进行对比分析和控制。这一方法的实施通常涉及产品设计阶段的成本预算制定、生产过程中的成本差异监控以及期末的成本差异分析与反馈调整等步骤。具体来说,企业会基于历史数据、行业标杆及预期效率等因素,详细计算并确定各产品的直接材料、直接人工和制造费用的标准成本。然后,在实际生产运营过程中,实时记录并计算实际消耗的各项资源及其对应成本,通过对比实际成本与标准成本之间的差异,找出成本超支或浪费的原因。接着企业将这种差异信息反馈给相关部门,推动改进措施的制定与执行,从而实现成本的有效控制与持续优化。

2. 目标成本控制法

目标成本控制法是一种以市场需求为导向,从产品设计初期就锁定最终售价,反向推算出可接受的成本限额,进而驱动企业内部各部门协同降本增效的成本管理模式。这种方法强调了市场竞争环境下的客户需求满足与企业盈利能力之间的平衡。实施目标成本控制时,需要市场部门根据消费者需求、竞品价格等因素确定产品的目标售价,随后由财务部门联合研发、生产等部门,自上而下层层分解目标售价,计算出各环节乃至各部件的目标成本。一旦确立目标成本,各部门必须围绕此目标开展工作,通过技术创新、流程优化、供应链管理等方式降低成本,确保企业在实现预定销售目标的同时,保持理想的盈利空间。

3. 作业成本控制法

作业成本控制法是一种以作业活动为基础,精确计量各项资源消耗、全面揭示成本动因的成本管理系统。相较于传统成本核算方法,作业成本控制法更注重识别和分析引起成本发生的各种作业活动,力求提供更为详尽和真实的成本信息。运用作业成本控制法时,企业首先要识别和定义各类作业中心,明确各作业活动的内容及其消耗的各种资源。接着,通过对各作业活动耗费资源的追踪,建立起资源到作业、作业到产品的多维度成本分配模型。这样不仅能更准确地计算出产品或服务的全生命周期成本,还能深入剖析各项作业活动的效率与效益,从而有针对性地采取改善措施,降低非增值作业,提高资源利用率,有效控制和削减成本。

(三)成本控制过程与实施

1. 成本控制的流程

成本控制流程是企业为确保在运营过程中各项成本不超出预算,并实现成本最优化而设立的一套系统性操作程序。该流程始于成本预算的编制,即根据企业战略目标、市场预测和产能规划,确定各项成本的预期发生额。随后进入成本监控环节,通过定期收集实际成本数据,并与预算进行对比分析,及时发现成本偏差。针对出现的偏差,成本控制流程要求迅速启动成本分析机制,深入探究偏差产生的原因,评估其对企业经济效益的潜在影响。在此基础上,制定具体的成本控制措施,如调整生产流程、优化采购策略、提高资源利用效率等,以确保成本回归预算轨道。而且,成本控制流程强调对成本控制效果的定期评估与反馈,通过总结经验教训,不断完善成本控制体系,提升企业的成本竞争力。

2. 成本控制的实施策略

成本控制实施策略是企业为达到成本控制目标而采取的一系列具体行动和方法。在制定实施策略时,企业应充分考虑自身的行业特点、市场定位、资源条件等因素,确保策略的可行性和有效性。常见的成本控制实施策略包括推行精益生产,通过减少生产过程中的浪费,提高生产效率;采用信息化管理手段,实现成本数据的实时采集、分析和处理,提高成本控制决策的及时性和准确性;建立成本责任制度,将成本控制目标分解到各个部门和个人,形成全员参与的成本控制氛围;以及加强供应链管理,优化供应商选择、库存管理和物流配送,降低采购成本和库存成本。这些实施策略需要企业根据实际情况灵活运用,不断调整优化,以形成符合自身发展需要的成本控制体系。

3. 成本控制过程中的沟通与协调

成本控制过程中的沟通与协调是确保成本控制工作顺利进行的关键环节。由于涉及多个部门和岗位,成本控制工作往往面临信息不对称、利益冲突等挑战。因此,建立有效的沟通与协调机制至关重要。企业应设立专门的成本控制小组或委员会,负责统筹协调各部门在成本控制方面的工作。同时,建立定期的成本控制会议制度,为各部门提供一个交流信息、讨论问题、协商解决方案的平台。在日常工作中,鼓励员工之间开展跨部门的非正式沟通,及时分享成本控制的好经验、好做法,共同提升企业的成本控制水平。通过加强沟通与协调,企业可以打破部门壁垒,形成成本控制工作的合力,推动成本控制目标的实现。

第三节 业绩评价

一、业绩评价概述

(一)业绩评价的目的与原则

1. 业绩评价的目的

业绩评价是企业管理中的核心环节,其主要目的是通过科学合理的评价体系和方法,对组织内部各层级、各部门以及员工个人的工作成果进行系统性、客观公正的评估。业绩评价的核心目的一方面是激励与约束,通过对员工或部门的绩效考核,激发其积极性和创新精神,同时设定明确的行为规范和目标导向,形成正向激励和负向约束机制,另一方面是决策支持,为高层管理者提供翔实的数据依据,以便于制定战略规划、资源配置、薪酬分配等重大决策。并且,持续改进与发展,通过识别业务流程、工作效果的优势与不足,提出针对性的改进建议,促进组织运营效率和效能的不断提升。

2. 业绩评价的原则

(1)客观性原则

业绩评价应基于实际发生的事实和数据,避免主观臆断和情感因素的影响,力求真实反映被评价对象的实际表现。

(2)全面性原则

评价内容不仅要涵盖财务指标,还应包括非财务指标,如服务质量、创新能力、团队协作能力等,实现对企业全方位、多维度的综合考量。

(3)目标导向原则

业绩评价要与企业战略目标相一致,评价指标的设计应当紧扣企业发展战略和业务重点,引导全体员工共同努力实现企业的长期发展目标。

(4)可比性原则

在同类岗位之间、同行业之间、同一时期内,业绩评价的标准和尺度应具备可比性,使得评价结果具有横向和纵向的参考价值。

(5)激励与反馈原则

业绩评价的结果应及时反馈给被评价对象,并与其利益挂钩,通过奖惩机制调动员工的积极性,同时提供必要的指导和支持,帮助他们改善不足、提高绩效。

3. 业绩评价的范围与对象

(1)企业整体

考察企业的盈利能力、市场竞争力、成长性、社会责任履行情况等,通过财务报表分析、行业对比分析等方式进行全面评价。

(2)部门层面

针对企业内部各个职能部门,如生产部、销售部、研发部等,根据部门职能特点设定相应的目标和评价指标,评价其对整体战略目标的贡献度和工作效率。

(3)岗位与个人

针对企业内的各类岗位及员工个体,设计符合岗位特性的关键绩效指标

（KPIs），评价员工在完成工作任务、提升技能水平、创新实践等方面的表现，同时关注团队协作与企业文化建设等方面的软性指标。通过业绩评价，不仅能够衡量个人工作成效，还能发现并培养优秀人才，推动企业人才队伍的整体素质提升。

（二）业绩评价理论基础

1. 业绩评价的相关概念

业绩评价作为企业管理中的核心环节，是指通过一系列科学的方法和体系，对组织或个人在一定时期内所完成的工作成果、工作效率、工作质量以及对企业战略目标实现的贡献程度进行量化或质化的评估过程。其核心构成包括评价指标的选择、数据收集与处理、评价标准设定、评价方法应用及评价结果反馈等步骤。从功能上看，业绩评价不仅关注财务层面的数据表现，如利润额、投资回报率等，也强调非财务指标的考量，如客户满意度、员工士气、创新能力等，力求全面反映被评价对象的实际绩效状况。此外，业绩评价还涉及对企业内部流程效率、资源利用效率、市场反应能力等多维度的分析与衡量，以确保评价结果能够准确反映企业的综合运营能力和健康状况。

2. 业绩评价与激励机制

业绩评价与激励机制是企业管理中密不可分的两个方面，它们之间存在着深刻的内在联系与互动关系。一方面，业绩评价的结果通常直接用于决定激励分配，如薪酬福利、晋升机会、奖金发放等；另一方面，有效的激励机制可以引导员工提升工作绩效，从而优化整个组织的业绩水平。具体来说，企业在设计激励机制时，会依据业绩评价的标准来设立明确、可度量的目标，并将其与各类激励措施相挂钩。当员工达成或超越这些目标时，他们将获得相应的物质或非物质奖励，这种正向反馈机制能够激发员工的积极性和创造性。反之，若未能达到预期绩效，则可能面临惩罚性措施，以此形成约束力，促使员工努力提高工作成效。同时，为了保证激励机制与业绩评价的有效结合，企业还需要建立动态的、开放式的管理体系，定期审查和调整评价标准与激励政策，确保两者始终与企业战略目标保持一致，推动组织持续改进与创新发展。

二、业绩评价实施策略

（一）业绩评价方法与技术

1. 财务指标分析法

财务指标分析法是企业绩效评估中常用的一种方法，它主要依赖于企业的财务报表数据进行定量分析。通过对企业资产、负债、权益、收入、费用和利润等关键财务指标的深入研究,可以全面了解企业的财务状况、经营成果和现金流量情况。财务指标分析法不仅关注企业的历史数据,还强调对未来趋势的预测,为企业的战略决策提供有力支持。在使用财务指标分析法时,需要选择合适的指标进行比较分析,如偿债能力指标、营运能力指标、盈利能力指标等,以全面反映企业的经营状况。同时,还应注意结合非财务信息,如市场环境、行业趋势等,进行综合评估。财务指标分析法的优点在于其数据来源可靠、易于获取和比较,但其局限性也在于过于依赖财务数据,可能忽视了其他重要的非财务因素。在实际应用中,财务指标分析法被广泛用于企业绩效评估、投资决策、信贷风险评估等领域。例如,投资者可以通过分析企业的财务指标来判断其投资潜力;银行可以通过财务指标评估企业的偿债能力,从而决定是否给予贷款。因此,熟练掌握财务指标分析法对于企业管理者、投资者和债权人等利益相关者都具有重要意义。

2. 平衡计分卡法

平衡计分卡法是一种综合性的绩效评价体系,旨在将企业的战略目标分解为可操作的具体指标,并从财务、客户、内部业务流程、学习和成长四个维度进行全面评估。与传统财务指标分析法相比,平衡计分卡法更加注重非财务因素对企业绩效的影响,强调目标之间的平衡与协调。通过平衡计分卡法,企业可以更加清晰地认识到实现战略目标所需的关键成功因素,以及各因素之间的因果关系。在实施平衡计分卡法时,企业需要明确自身的愿景和使命,确定关键绩效领域和目标值,然后选择合适的绩效指标进行衡量。这些指标不仅应涵盖财务指标,还应包括客户满意度、内部流程效率、员工满意度等非财务指标。通过定期评估和反馈,企业可以及时调整战略方向和资源配置,以实现长期稳定发展。平衡计分卡法的优点在于其全面性和战略性,能够帮助企业实现目标之间的平衡和优化。然而,其实施过程相对复杂,需要投入大量的人力和物力资源。而且,不同企业之间的战略目标和关键成功因素可能存在差异,因此平衡计分卡法的应用需要根据具体情况进行定制和调整。

3. 关键绩效指标法

关键绩效指标法(KPI)是一种目标式量化管理指标,是衡量员工工作绩效表现的关键参数,也是企业绩效管理的基础。它将企业的战略目标分解为具体的、可衡量的工作目标,使员工明确自己的工作方向和目标要求。在实施关键绩效指标法时,企业需要首先确定关键绩效领域和目标值,然后选择能够反映这些领域绩效的关键指标进行衡量。这些指标应具有可衡量性、可达成性、相关性和时限性等特点。与财务指标分析法和平衡计分卡法相比,关键绩效指标法更加关注具体的工作目标和成果输出。它强调对关键绩效领域的重点关注和优先改进,以推动整体绩效的提升。同时,关键绩效指标法也注重员工参与和反馈机制的建设,鼓励员工积极参与目标制定和绩效评估过程,提高工作积极性和满意度。在实际应用中,关键绩效指标法被广泛应用于企业各层级的绩效管理中。通过设定明确的关键绩效指标和相应的权重系数,企业可以更加客观地评价员工的工作表现和贡献程度。同时,关键绩效指标法还可以帮助企业及时发现和解决问题,优化资源配置和工作流程。然而,在应用关键绩效指标法时,也需要注意避免出现指标设置过于复杂或过于单一、权重分配不合理等问题。

(二)业绩评价流程与实施

1. 业绩评价的前期准备

业绩评价的前期准备是确保整个评价过程顺利、有效进行的基础。在这一阶段,企业需要明确业绩评价的目标和原则,确定评价的对象和评价周期,以及建立科学、合理的评价体系。首先,企业要对自身的战略目标进行深入分析,将业绩评价与战略目标相结合,确保评价工作能够推动企业战略的实现。其次,企业需要选择合适的评价方法和工具,如关键绩效指标法、平衡计分卡等,确保评价结果的客观性和准确性。同时,企业还需要对参与评价的人员进行培训,提高他们的评价能力和水平。并且,建立畅通的沟通渠道和反馈机制也是前期准备工作的重要内容,确保评价过程中能够及时获取相关信息,对评价结果进行及时调整和优化。通过这些前期准备工作,企业可以为后续的业绩评价奠定坚实的基础,确保评价工作的有效性和针对性。

2. 业绩评价的具体实施

业绩评价的具体实施是整个评价过程的核心环节。在这一阶段,企业需要按照前期准备中确定的评价目标和原则,以及选择的评价方法和工具,对各部门和员工的业绩进行全面、客观的评价。评价过程中,要注重数据的收集和分析,确保评价结果的准确性和公正性。同时,企业还需要建立有效的激励机制和约束机制,将评价结果与员工的薪酬、晋升等方面挂钩,激发员工的工作积极性和创造力。此外,企业还需要建立完善的反馈机制,及时向员工反馈评价结果,指出他们在工作中的优点和不足,帮助他们制订改进计划,提升工作能力和业绩水平。在业绩评价的具体实施过程中,企业还需要注意处理好各种关系,确保评价工作的顺利进行。

3. 业绩评价的持续改进

业绩评价的持续改进是确保评价工作长期有效、不断提升的重要环节。在这一阶段,企业需要对已经完成的业绩评价进行全面回顾和总结,分析评价过程中的优点和不足,提出改进措施和建议。同时,企业还需要根据市场环境和企业战略的变化,及时调整和优化评价体系和评价方法,确保评价工作能够与时俱进、适应新的形势和要求。并且,企业还需要加强对员工的培训和发展,提升他们的综合素质和业务能力,为业绩评价的持续改进提供有力的人才保障。通过持续改进,企业可以不断完善业绩评价体系,提高评价工作的质量和效率,推动企业的持续发展和进步。

第四节　风险管理

一、风险识别

(一)风险识别的过程与方法

1. 风险识别的过程

(1)明确目标

风险识别的首要任务是明确识别的目标,即确定需要识别哪些风险。这通常与项目或企业的整体目标紧密相关,如项目的成功完成、企业的稳健发展等。明确目标有助于管理者聚焦关键风险,提高识别的针对性和效率。

(2)收集信息

在明确目标后,管理者需要广泛收集与项目或企业相关的各种信息,包括内部和外部的信息。内部信息主要来源于项目文档、企业历史数据、员工经验等;外部信息则涉及市场环境、政策法规、行业动态等。这些信息的收集和分析有助于管理者更全面地了解项目或企业的运营环境,为风险识别提供有力的支持。

(3)风险识别

在收集到足够的信息后,管理者需要运用各种方法和技术手段进行风险识别。这包括分析项目或企业的业务流程、组织结构、资源配置等方面,以找出可能存在的风险点。这一阶段需要管理者具备丰富的经验和敏锐的洞察力,能够准确识别出各种潜在风险。

（4）风险评估与分类

识别出的风险需要进行初步的评估和分类。评估的目的是确定风险的可能性和影响程度，以便为后续的风险应对策略制定提供依据。分类则是将风险按照一定的标准进行归类，如战略风险、财务风险、运营风险等，这有助于管理者更清晰地了解风险的结构和分布。

（5）持续监控与更新

风险识别不是一次性的工作，而是一个持续的过程。在项目或企业运营过程中，管理者需要定期回顾和更新风险识别结果，以适应外部环境的变化和项目或企业的内部调整。这需要管理者保持高度的警惕性和灵活性，能够及时发现和应对新出现的风险。

2. 风险识别的方法

（1）文献分析法

通过查阅相关文献、报告和资料，了解项目或企业所在行业的历史风险情况和经验教训。这种方法可以帮助管理者快速掌握行业风险概况，为风险识别提供有益的参考。

（2）专家咨询法

邀请相关领域的专家进行咨询和讨论，借助专家的专业知识和经验来识别潜在风险。这种方法在涉及复杂技术或专业领域的项目或企业中尤为有效。

（3）情景分析法

通过构建不同的未来情景，分析项目或企业在这些情景下可能面临的风险和挑战。这种方法有助于管理者更全面地考虑各种可能的风险因素，提高识别的准确性和全面性。

（4）流程图法

通过绘制项目或企业的业务流程图，分析流程中的各个环节和节点，以找出可能存在的风险点。这种方法适用于业务流程复杂、环节繁多的项目或企业。

（5）经验总结法

依靠管理者和员工的个人经验和知识积累进行风险识别。这种方法简单易行，但要求管理者和员工具备丰富的实践经验和敏锐的洞察力。

（二）风险评估

1. 风险评估的目的

风险评估是组织和个人在决策和管理过程中，对潜在风险进行系统分析和量化的关键活动。其核心目的在于帮助决策者全面、客观地认识风险,从而为制定合理的风险应对策略提供科学依据。通过风险评估,组织能够明确各类风险的发生概率和影响程度,进而对资源进行合理配置,优化风险管理措施,降低风险带来的损失。

2. 风险评估方法与技术

风险评估方法与技术是实现风险评估目标的重要手段。常见的风险评估方法包括定性评估、定量评估和半定量评估。定性评估主要依赖专家的经验和判断,通过文字描述对风险进行等级划分。定量评估则运用数学模型和统计方法对风险进行量化分析,得出更为精确的风险值。半定量评估则结合定性和定量的方法,既考虑专家的意见又运用数学模型进行计算。在具体实践中,风险评估技术层出不穷,如概率风险评估、故障树分析、模糊综合评估等。这些技术各具特点,适用于不同的风险类型和评估需求。组织在选择风险评估方法与技术时,应根据自身的实际情况和风险特点进行综合考虑,选择最适合的方法和技术组合。同时,随着科技的进步和风险管理理论的发展,新的风险评估方法和技术将不断涌现,为组织的风险管理提供更多的选择和支持。

二、风险应对策略

(一)风险应对策略的制定与实施

1. 风险应对策略的选择依据

风险应对策略的选择,是风险管理中极为关键的一环,它直接关系到组织能否有效应对风险、减少损失并保障运营稳定。在选择风险应对策略时,组织必须充分依据风险评估的结果,这是策略选择的根本出发点。风险评估提供了关于风险类型、发生概率和影响程度的详细信息,为策略选择提供了数据支持。同时,组织还需要考虑自身的风险承受能力,包括财务资源、技术实力、人员配备等因素,确保所选策略在实际操作中可行且有效。此外,外部环境的变化也是选择风险应对策略时不可忽视的因素,组织需要密切关注市场动态、政策法规变化等,确保策略与外部环境相适应。综合考虑这些因素,组织可以选择风险规避、风险降低、风险转移或风险接受等策略,以构建一套完整、有效的风险应对体系。

2. 风险应对计划的制订

风险应对计划的制订是风险管理中的核心环节,它要求组织在识别和分析风险的基础上,制订出一套具体、可行的行动计划。在制订风险应对计划时,组织需要明确各项风险应对措施的实施主体、时间节点和预期目标,确保计划的可操作性和可衡量性。同时,计划还需要考虑资源的合理配置,包括资金、人力、物资等,确保各项措施得以顺利实施。此外,风险应对计划还需要具备一定的灵活性,能够适应外部环境的变化和组织内部的调整。为此,组织可以在计划中设置多个备选方案,并定期对计划进行审查和更新,以确保其与实际情况相符。通过制订详细、全面的风险应对计划,组织可以更加系统地应对风险,降低风险带来的损失,并为组织的稳健发展提供有力保障。

3. 风险应对计划的实施

风险应对计划的实施是风险管理的最终落脚点,也是检验风险管理效果的关键环节。在实施风险应对计划时,组织需要严格按照计划的要求进行操作,确保各项措施得以有效执行。同时,实施过程中需要建立严密的监控机制,对计划的执行情况进行实时跟踪和评估,及时发现和解决问题。此外,组织还需要保持与内外部相关方的有效沟通,共同应对风险。通过实施风险应对计划,组织可以将风险控制在可承受范围内,保障运营的稳定性和持续性。同时,实施过程中积累的经验和教训也为组织未来的风险管理提供了宝贵的参考和借鉴。

(二)风险监控

1. 风险监控的重要性

风险监控在风险管理中占据着举足轻重的地位,它是对已识别风险进行持续跟踪、评估与反馈的过程,旨在确保风险应对措施的有效实施,并及时发现新的潜在风险。通过持续的风险监控,组织能够实时了解风险状况的变化,从而及时调整风险管理策略,避免或减少损失。而且,风险监控有助于组织发现风险管理中的薄弱环节,为改进风险管理提供有力依据。并且,风险监控还能提升组织的风险意识和应对能力,为组织的稳健发展提供坚实保障。因此,重视并加强风险监控是组织实现可持续发展的重要举措。

2. 风险监控的目标

风险监控的主要目标是确保组织的风险管理策略得到有效执行,并及时应对风险的变化。具体来说,风险监控主要确保已识别的风险得到妥善处理,防止风险扩大或恶化。而且,通过持续监控,及时发现新的潜在风险,为组织提供预警和应对时间。并且,风险监控还致力于评估风险管理措施的有效性,以便在必要时进行调整或改进。不仅如此,风险监控旨在提高组织的风险管理能力和整体绩效,为组织的稳健发展提供有力支持。

3. 风险监控的方法

在风险监控方法上,组织可以采用多种技术和工具,如定期的风险评估、关键风险指标的监控、风险报告和审查会议等。这些方法可以帮助组织收集和分析风险信息,评估风险状况,及时发现和解决问题。同时,随着技术的发展,一些先进的风险监控工具如大数据分析、人工智能等也逐渐被应用于风险监控中,提高了监控的效率和准确性。

三、风险管理的组织与实施

(一)风险管理的组织架构

1. 风险管理的组织体系

风险管理的组织体系是企业为实现风险的有效识别、评估、监控和应对而建立的一套完整的组织架构和运作机制。这一体系通常包括风险管理委员会、风险管理部门以及各业务部门的风险管理职责和角色定位。风险管理委员会作为最高决策机构,负责制定风险管理战略、审批重大风险决策,并监督整个风险管理过程。风险管理部门则负责日常的风险管理工作,包括风险的识别、评估、监控和报告,以及风险应对策略的制定和执行。各业务部门在风险管理体系中也扮演着重要角色,它们需要积极参与到风险管理过程中,负责本部门内的风险识别和控制,并与风险管理部门密切合作,共同确保企业风险在可控范围内。这样的组织体系能够确保风险管理工作在企业内部得到有效实施和持续推进,为企业的稳健发展提供坚实保障。

2. 风险管理部门的职责

风险管理部门在企业中担负着至关重要的职责,其核心任务是确保企业能够在面临各种不确定性因素时,依然保持稳健的运营和持续的发展。具体来说,风险管理部门需要全面负责风险的识别工作,通过运用各种风险识别工具和技术,及时发现企业可能面临的各种风险。同时,他们还需要对识别出的风险进行全面评估,量化风险的可能性和影响程度,以便为企业决策者提供科学的风险决策依据。此外,风险管理部门还需密切监控风险的变化情况,定期生成风险报告,向高层管理者汇报风险状况,并在必要时提出风险应对策略和建议。除了这些日常工作外,风险管理部门还需要不断完善风险管理流程和方法,提升企业的风险管理能力。总之,风险管理部门的职责是确保企业在风险面前能够做出正确决策,保障企业的长期稳定发展。

3. 风险管理流程的设计

风险管理流程的设计是确保企业风险管理工作有序、高效进行的关键。一个完整的风险管理流程通常包括风险识别、风险评估、风险应对和风险监控四个主要环节。在风险识别阶段,企业需要通过多种途径和方法全面梳理可能面临的风险因素,确保无遗漏。风险评估阶段则要对识别出的风险进行量化和定性分析,确定风险的优先级和重要性。在风险应对阶段,企业需要制定有针对性的风险应对策略和措施,明确责任人和执行时间,确保风险得到有效控制。最后,在风险监控阶段,企业需要建立风险监控机制,定期对风险状况进行评估和报告,以便及时发现和处理新的风险。整个风险管理流程需要形成一个闭环,确保风险管理工作在企业内部得到持续、有效的推进。通过这样的流程设计,企业可以更加系统地管理风险,为企业的稳健发展提供有力保障。

(二)风险管理制度的建立与培训

1. 风险管理制度的建立与执行

风险管理制度的建立与执行是确保企业稳健运营、有效应对内外风险的基础。建立一套科学、完善的风险管理制度,首先需要深入分析企业的业务流程、市场环境及潜在风险点,形成一套涵盖风险识别、评估、监控与应对的全面框架。这一制度不仅要明确各类风险的管理标准和方法,还需确立风险管理的责任主体、流程与机制,确保在风险事件发生时,企业能够迅速做出反应,最大程度地减少损失。在执行层面,企业需要将风险管理制度与日常运营紧密结合,通过定期的风险评估、审计与报告,确保制度的有效落地。同时,高层领导的重视与支持,以及全员的风险管理意识培养,也是制度执行不可或缺的因素。通过持续改进和优化风险管理制度,企业能够构建一道坚实的风险防线,为自身的持续发展提供有力保障。

2. 风险管理培训的内容与方式

风险管理培训是增强全员风险管理意识、提升企业整体风险管理能力的重要途径。在培训内容方面,应涵盖风险管理的基本概念、原则与方法,以及与企业实际业务相关的具体风险案例和应对策略。通过理论与实践的结合,使员工能够全面、深入地理解风险管理的重要性和操作要领。在培训方式上,可采用线上与线下相结合的形式,如利用网络平台进行在线课程学习、模拟演练等,同时结合面对面的研讨会、工作坊等形式,促进员工之间的交流与互动。此外,定期的风险管理知识竞赛、案例分享会等活动,也能有效激发员工的学习兴趣,提升培训效果。通过持续、系统的风险管理培训,企业能够打造一支具备高度风险管理意识和专业技能的团队,为企业的稳健发展提供坚实的人才支撑。同时,培训还能促进企业文化的塑造,使风险管理成为企业的一种核心价值观和行为准则,进一步提升企业的整体竞争力和市场地位。

第七章 管理会计数字化发展的挑战与对策

第一节 管理会计数字化发展的挑战

一、管理会计数字化概述

(一)管理会计数字化的定义

管理会计数字化是指将先进的信息技术、数据分析工具和数字化理念深度融合到管理会计的实践中,从而实现对企业财务与非财务信息的高效收集、处理、分析和利用。这一过程不仅涵盖了传统的预算编制、成本控制、业绩评价等管理会计活动,更在此基础上引入了大数据、云计算、人工智能等前沿技术,极大地提升了管理会计的决策支持能力和价值创造能力。管理会计数字化的核心在于数据的精准捕捉与智能分析,它要求企业建立起完善的数据治理体系,确保数据的真实性、完整性和时效性。同时,管理会计数字化也强调信息系统的整合与优化,以打破信息孤岛,实现财务与业务的无缝对接。通过数字化手段,管理会计能够更加精准地洞察企业运营状况,为管理层提供科学、及时的决策依据,进而推动企业战略目标的实现。在数字化浪潮的推动下,管理会计不再局限于传统的账务处理和报表编制,而是向更高层次的战略规划、风险控制、价值创造等领域拓展。数字化管理会计不仅关注企业内部资源的优化配置,还注重与外部环境的协同与互动,以实现企业整体价值的最大化。因此,管理会计数字化是现代企业提升管理水平、增强竞争力的必由之路。

(二)管理会计数字化的发展历程

管理会计数字化的发展历程可以追溯到 20 世纪末的信息技术革命。随着计算机和互联网的普及,企业开始尝试将电子化的数据处理技术应用于管理会计领域,如电算化会计、财务软件等,这些初步的探索为后续的数字化发展奠定了基础。进入 21 世纪后,随着大数据、云计算、人工智能等技术的迅猛发展,管理会计数字化迎来了全新的发展阶段。企业开始构建以数据为核心的管理会计信息系统,实现数据的实时采集、动态监控和智能分析。这一阶段,管理会计数字化的应用范围不断扩展,从最初的预算编制、成本控制延伸到业绩评价、风险管理、战略决策等多个领域。同时,数字化管理会计的理念也逐渐深入人心,成为企业提升管理效能、创造价值的重要工具。未来,随着技术的不断创新和应用场景的不断拓展,管理会计数字化将继续深化发展,为企业带来更多的机遇和挑战。因此,企业需要紧跟时代步伐,不断加强数字化管理会计的建设与应用,以提升企业的核心竞争力。

(三)管理会计数字化的主要特点

1. 数据处理自动化和智能化

管理会计数字化将信息技术和管理会计有效结合,实现了数据处理自动化和智能化。企业通过引入各种先进的软件和技术,如云计算、大数据分析和人工智能等,能够自动收集、整理、分析和报告财务数据,减少了人工干预和误差。同时,这些技术还可以对数据进行深度挖掘,发现数据背后的规律和趋势,为企业的决策提供更加精准和及时的信息。

2. 实时监控和反馈

在当前信息化、数字化的商业环境下,管理会计的数字化转型为企业提供了一种实时监控与反馈企业运营全貌的有效工具。通过运用先进的信息技术手段,企业能够实现对财务数据和经营信息的即时收集与深度分析,这一过程犹如为企业的日常运作安装了一个高精度的"仪表盘",使得管理层能够在第一时间获取到全面而精准的企业现状及趋势洞察。借助数字化管理会计系统,企业可以实时追踪并解析各项业务活动带来的经济效果,如现金流状况、成本变动、利润水平等核心财务指标,从而迅速识别出可能存在的问题或潜在风险。这种实时性极大地提升了企业的预警能力,使企业在面对市场波动、行业竞争加剧等情况时,能够快速做出反应,采取针对性的调整措施,有效避免损失,保障企业稳健发展。而且,数字化管理会计不仅关注内部财务管理,更将触角延伸至市场动态和客户需求层面。通过对海量内外部数据进行实时挖掘和整合分析,企业得以敏锐捕捉到市场的微妙变化以及客户的需求偏好,这有助于及时调整产品策略、优化服务模式,乃至重新定位企业发展战略,以更好地适应市场需求,提升自身的市场竞争力。

3. 优化决策流程

在当前信息化、数字化的商业环境中,管理会计的数字化转型已成为企业提升管理水平和决策效率的关键途径。通过构建先进的数字化管理会计系统,企业能够实时收集并深度分析各类经营数据与财务信息,从而形成对企业运营状况的全方位、动态化透视。借助这一强大的实时监控功能,企业管理层能够迅速获取到实时更新的各项关键绩效指标,如收入增长、成本控制、现金流状况以及利润表现等,基于这些实时数据进行深入剖析,快速识别出企业在运营过程中存在的问题或潜在风险点,进而及时采取有效措施进行调整优化,防止问题扩大化,确保企业的稳健运行和健康发展。不仅如此,数字化管理会计的作用还远不止于对内部财务管理的精细化把控。它犹如为企业装上了一双洞察市场风云变幻的"千里眼",通过对市场趋势、竞争对手动态、客户需求变化等外部信息的实时抓取和精准分析,企业能更敏锐地把握住市场脉搏,灵活调整自身的经营策略,适时推出符合市场需求的产品和服务,以增强市场竞争力,抢占市场份额。

二、管理会计数字化发展面对的挑战

(一)数据质量与准确性问题

1. 数据源的多样性

随着企业业务的不断拓展和复杂化,管理会计所需要处理的数据来源也日趋多样。这些数据可能来自企业的各个部门、各种业务线、外部合作伙伴以及各种社交媒体和物联网设备等。这种多样性给数据的质量和准确性带来了挑战。由于这些数据来源不同,格式各异,数据的准确性和可靠性难以保证。同时,这些数据之间可能存在冲突或重复,进一步增加了数据整合和分析的难度。

2. 数据处理的复杂性

管理会计数字化需要高效、准确地处理大量的数据。然而,在数据处理过程中,由于存在数据量庞大、数据结构复杂、数据维度多样等因素,数据处理难度加大。此外,数据处理过程中还可能存在各种错误和异常,如数据丢失、数据重复、数据格式错误等,这些问题都会影响数据的质量和准确性。同时,数据处理的速度和效率也是一大挑战。企业需要快速、准确地处理大量数据,以支持实时的决策和分析。

3. 数据安全和隐私保护

随着数字化进程的加速,数据安全和隐私保护成为管理会计数字化发展的一大挑战。企业的财务数据往往包含大量的敏感信息,如客户资料、供应商信息、交易详情等,这些信息一旦泄露或被不当使用,可能会给企业带来巨大的损失和风险。同时,随着云计算和大数据等技术的广泛应用,数据的存储和处理往往涉及到多个系统和平台,这进一步增加了数据安全和隐私保护的难度。企业需要采取有效的措施和技术手段,确保数据的安全和隐私不受侵犯。

(二)信息系统整合与兼容性难题

1. 系统架构差异

在企业运营过程中,信息技术的广泛应用推动了各类信息系统的建立与完善。然而,企业在实际部署和应用这些系统时,由于市场需求、技术演进以及供应商选择等因素的影响,可能会采用来自不同厂商、基于不同技术架构和标准构建的信息系统。这种异构性的信息系统环境虽然在一定程度上满足了企业在特定业务领域的需求,但也给企业的数据整合与共享带来了挑战。一方面,不同的信息系统可能采取迥异的数据存储方式和技术架构。例如,一部分系统依赖于关系型数据库,其以表格形式组织数据,强调数据的一致性、完整性和参照完整性;而另一部分系统则采用非关系型数据库,它更擅长处理大量半结构化或非结构化的数据,具备更高的灵活性和扩展性。这两种截然不同的数据库类型在数据模型、查询语言和性能优化等方面存在较大差异,使得数据在两者之间进行交换和迁移时面临兼容性难题。另一方面,在软件设计层面,信息系统也可能遵循不同的架构原则。面向对象的设计方法强调将复杂问题抽象为一系列相互关联的对象,便于模块化开发和维护;而基于服务的架构则倡导将功能封装为独立的服务单元,通过网络进行交互和集成,以实现灵活、可复用的服务调用。这两种架构理念在系统间接口定义、消息传递机制以及系统解耦程度等方面存在显著区别,进一步增加了数据在不同系统间流动的复杂度。因此,当企业内部存在多种异构的信息系统时,数据整合和共享过程就变得尤为困难且耗时。不仅需要投入大量的技术资源对各种格式不一、结构各异的数据进行转换和适配,还需要在系统集成项目中解决诸多技术对接、安全防护以及性能优化等问题。这无疑加重了企业的运维负担,同时也影响到企业管理会计工作的效率和质量,阻碍了企业全面数字化。

2. 数据标准不一致

除了系统架构的差异外,不同系统之间的数据标准也可能不一致。这可能导致相同的数据在不同的系统中表示方式不同,甚至出现数据冲突和重复的情况。例如,员工的入职日期在人力资源系统中是一个标准的日期字段,但在财务管理系统中可能被表示为一个文本字段或者仅包含年月信息。这种数据标准的不一致会给数据的整合和分析带来极大的困扰,影响管理会计的准确性和效率。

3. 数据安全与隐私保护

在信息系统整合过程中,数据的安全和隐私保护也是一个重要的问题。不同系统之间的数据交换和共享可能涉及到敏感信息,如客户资料、供应商信息、员工个人信息等。这些信息一旦泄露或被不当使用,可能会给企业带来巨大的损失和风险。因此,企业在整合信息系统时必须充分考虑数据的安全和隐私保护问题,采取有效的加密和安全措施来确保数据的完整性和机密性。为此,企业应该制定统一的数据标准和系统架构,以减少不同系统之间的差异和冲突。这包括统一数据模型、数据交换格式和通信协议等,以便在不同的系统之间实现无缝的数据交换和共享。同时,企业还需要建立统一的数据管理平台或数据仓库,对各个系统的数据进行集中管理和整合,以提高数据的准确性和完整性。

(三)组织结构与人员配备不足

1. 组织结构不适应数字化发展

在过去的商业环境中,企业管理会计组织结构大多遵循传统的部门化模式,各财务部门往往以相对独立的方式运作,专注于各自领域的核算、分析与决策支持。这种组织架构虽然在一定程度上保证了管理会计工作的专业性和深度,但在跨部门协作和信息共享方面却存在显著局限性。各部门之间由于缺乏有效的沟通机制和共享平台,导致数据孤岛现象严重,难以实现资源的高效整合与利用,进而影响到企业的整体运营效率和决策质量。然而,在数字化技术快速发展的今天,市场环境瞬息万变,客户需求日益多元化且个性化,企业面临的竞争压力与日俱增。传统的企业管理会计组织结构在这种环境下显得愈发滞后和力不从心。数字化技术要求企业在处理大量实时、动态的数据时能够迅速响应,精准洞察并灵活应对变化,而原有的组织结构由于其固有的层级复杂、信息传递慢、决策链条长等特点,无法满足这一需求。因此,数字化时代下的企业管理会计呼唤更为扁平化、灵活化和协同化的组织变革。扁平化意味着减少不必要的管理层级,提高决策效率,使得信息能在第一时间得到反馈和处理;灵活性则体现在组织架构可以根据业务发展和市场需求进行快速调整,确保管理会计团队能够紧跟战略步伐,提供有针对性的支持;协同化则是强调打破部门壁垒,建立全面的信息共享机制,使不同职能领域的管理会计人员能够在统一的数据平台上相互配合,共同为企业的战略规划、资源配置、风险控制等关键环节提供有力支撑。

2. 人才储备不足

在当前快速发展的数字经济时代,管理会计的数字化转型已经成为企业提升运营效率、优化决策制定和实现可持续发展的重要战略。然而,这一转变的实施并非一蹴而就,其背后离不开一支兼具深厚管理会计专业知识与数字化技术能力的团队作为支撑。现有的管理会计人员虽然在传统的财务管理、成本控制、绩效评估等方面积累了丰富的实践经验,但他们在面对数字化浪潮时,往往表现出对大数据分析、云计算、人工智能等新兴技术手段的掌握不足。这部分人才可能由于长期沉浸在传统的会计管理模式中,对于如何将这些前沿科技应用于管理会计实务,以提高数据处理速度、提升预测准确性、强化决策支持等方面的知识储备和技能结构存在明显短板,难以适应企业管理会计日益增长的数字化需求。而且,尽管市场上存在大量具备数字化技术背景的人才,他们在编程开发、数据分析、智能算法应用等领域有着深厚的造诣,但在理解和运用管理会计原理、准则以及在企业内部具体业务场景中的实践经验上却可能存在欠缺。这种"懂技术不懂业务"的现象使得他们无法有效地将数字化技术与管理会计的实践紧密结合,难以充分发挥出数字化技术对企业管理会计工作的赋能作用。

因此,企业要想成功推动管理会计的数字化进程,就必须着手解决人才储备上的矛盾,既要注重对现有管理会计人员进行数字化技能的培训升级,也要加大对具有数字化背景且愿意深入理解管理会计领域的人才引进力度。同时,建立有效的跨部门协作机制,促进不同专业背景的员工之间的知识共享与互补,通过打造一支既精通管理会计又熟稔数字化技术的专业队伍,从而为企业的管理会计数字化转型提供强大的人才保障。在这个过程中,企业不仅要加强人才培养与引进,更要在组织文化层面倡导创新思维与跨界融合,以确保这支队伍能够在实践中不断探索、迭代和完善,真正实现管理会计与数字化技术的深度融合,助力企业在新的竞争环境中立于不败之地。

3. 培训与激励机制不完善

管理会计数字化需要不断地学习和创新,因此,企业需要建立完善的培训和激励机制来激发员工的积极性和创造力。然而,许多企业在这方面的投入明显不足。培训内容可能过于传统,缺乏数字化相关的知识和技能;激励机制可能不健全,难以激发员工的积极性和创造力。这些问题都可能导致管理会计数字化发展滞后,难以满足企业的战略发展需求。对此,企业应该重新审视现有的组织结构,打破部门壁垒,建立更加扁平化、灵活和协同的组织结构。企业可以引入跨部门的项目团队或虚拟团队等新型组织形式,加强不同部门之间的协作和信息共享,以提高整个组织的协同效率和响应速度。同时,企业还需要建立一套有效的沟通机制和协作平台,促进团队成员之间的有效沟通与合作。

(四)信息安全与风险控制挑战

1. 数据安全风险加大

管理会计数字化涉及到大量的敏感信息和重要数据,如财务数据、客户资料、供应商信息等。这些数据一旦泄露或被不当使用,可能会给企业带来巨大的损失和风险。然而,随着数字化技术的不断发展,数据安全风险也在不断加大。例如,黑客攻击、病毒传播、内部人员违规操作等都可能对企业的数据安全构成威胁。

2. 合规风险增加

管理会计数字化涉及到许多法律法规和监管要求,如企业会计准则、审计准则、个人信息保护法等。企业在进行管理会计数字化过程中,需要严格遵守相关法律法规和监管要求,确保数据的合法性和合规性。然而,随着数字化技术的不断发展,合规风险也在不断增加。例如,企业可能面临数据跨境传输、隐私保护、知识产权保护等方面的合规问题。

3. 技术风险凸显

管理会计数字化依赖于先进的信息技术和数字化设备。然而,技术风险也是不容忽视的。例如,系统故障、网络中断、设备损坏等都可能对企业的管理会计工作造成影响。此外,数字化技术更新换代速度很快,企业需要不断跟进新技术的发展,以避免技术落后和市场竞争力下降的风险。对此,企业应该加强数据安全防护。建立完善的数据安全管理制度和流程,规范数据的收集、存储、处理和使用等环节。采用加密技术、访问控制和身份验证等手段来确保数据的安全。同时,加强对于黑客攻击、病毒传播等风险的防范措施,提高企业的网络安全防护能力。

第二节　管理会计数字化发展的对策

一、管理会计数字化发展的意义与趋势

(一)管理会计数字化发展的意义

1.提高决策效率和准确性

在传统的管理会计模式下,企业往往面临着数据收集困难、信息处理滞后等问题,导致决策层无法及时获取准确、全面的财务信息,进而影响了决策的科学性和时效性。而管理会计数字化则通过构建完善的数据治理体系和信息系统,实现了对企业财务与非财务信息的高效收集、处理、分析和利用。这不仅大大缩短了信息传递的时间,提高了决策的时效性,还能够通过智能算法和数据分析工具挖掘出隐藏在海量数据中的有价值信息,为管理层提供更加精准、深入的决策依据。而且,管理会计数字化还能够降低人为因素对数据质量的干扰,提高数据的真实性和准确性。通过自动化、智能化的数据处理流程,企业可以减少人为操作失误和舞弊行为的发生,确保数据的客观性和公正性。这为企业进行科学决策提供了坚实的基础。

2.优化资源配置和降低成本

在传统的管理会计模式下,企业往往面临着资源配置不合理、成本控制不精细等问题,导致资源浪费严重,成本居高不下。而管理会计数字化则通过精准的数据分析和智能的决策支持,帮助企业更加合理地配置资源,实现资源的最大化利用。同时,通过精细化的成本控制和预算管理,企业可以更加准确地把握成本构成和变动趋势,有针对性地制定成本控制策略,从而降低运营成本,提高盈利能力。并且,管理会计数字化还能够促进企业内部的协同与互动,打破部门之间的信息壁垒和利益隔阂。通过共享的数据平台和信息系统,各部门可以实时了解企业的运营状况和财务状况,共同参与到资源配置和成本控制的决策过程中来。这不仅能够提高决策的全面性和合理性,还能够增强企业内部的凝聚力和向心力。

3.推动企业创新和转型升级

在数字化时代,企业面临着前所未有的市场机遇和挑战。要想在激烈的市场竞争中立于不败之地,企业必须不断进行技术创新、产品创新和商业模式创新。而管理会计数字化则为企业提供了强大的创新支持。通过大数据、云

计算、人工智能等技术的深度融合应用,企业可以更加敏锐地洞察市场趋势和客户需求变化,及时发现新的商业机会和增长点。同时,通过数字化的管理会计手段,企业可以更加精准地评估创新项目的风险和收益,为创新决策提供有力的数据支持。并且,管理会计数字化还能够推动企业的转型升级。随着经济的发展和社会的进步,企业面临着越来越多的社会责任和可持续发展要求。通过数字化的管理会计手段,企业可以更加全面地了解自身的环境影响和社会责任表现,有针对性地制定可持续发展战略和行动计划。这不仅有助于企业实现经济效益和社会效益的双赢目标,还能够提升企业的品牌形象和市场竞争力。

(二)管理会计数字化的发展趋势

1. 智能化

随着科技的日新月异,人工智能、大数据与机器学习等技术已经深入到了企业的各个角落,尤其是在管理会计领域,这些技术所带来的变革尤为显著。传统的管理会计方式在面对海量的财务数据时,往往显得力不从心,而智能化技术的引入,则为这一难题提供了有力的解决方案。智能化技术,特别是机器学习,已经在管理会计中发挥了不可替代的作用。它通过对历史财务数据的深度学习和模式识别,自动对大量的数据进行分类和识别,从中快速准确地提取出关键信息。这一过程不仅大大提高了数据处理的效率,更在准确性上有了质的飞跃。企业决策者因此能够更加迅速地获得所需的信息支持,从而在复杂多变的市场环境中做出更为精准的决策。不仅如此,智能化技术还赋予了管理会计更多的前瞻性。利用先进的算法和模型,企业可以自动预测未来的财务趋势,对市场变化做出提前的预判。这种能力在过去是难以想象的,但如今却已成为现实。它使得企业能够在风险尚未显现时就做好应对准备,同时也能够敏锐地捕捉到潜在的市场机会,从而占得先机。智能化技术对于管理会计的促进作用还体现在风险防控上。通过大数据的分析和挖掘,企业可以更加全面地了解自身的财务状况和风险点,进而制定出更加有效的风险防控策略。这种以数据为驱动的管理方式,不仅提高了风险管理的效果,也为企业的稳健发展提供了坚实的保障。而且,智能化技术的应用也对管理会计从业者提出了新的要求。他们需要不断更新自己的知识体系,掌握新的技术和工具,以适应这一变革的趋势。同时,企业也需要加大对智能化技术的投入,培养一支具备高度专业素养和创新能力的管理会计团队,以推动企业的财务管理水平不断迈上新的台阶。

2. 集成化

随着企业业务形态的不断演进与多元化发展,管理会计的角色和职能也随之发生了深刻变化,其面对的数据处理需求愈发繁复庞大。在这个过程中,管理会计数字化的集成化趋势显得尤为突出和必要。企业为了应对日益复杂的经营环境,需要将各种信息系统、数据源以及业务流程进行深度整合和无缝对接,构建起高度集成化的管理会计体系。集成化管理会计的核心目标是实现信息资源的全面共享与协同运作,通过打破不同系统间的信息孤岛,使得财务数据、业务动态以及市场反馈等各种信息能够在统一平台上得以实时交互和更新。这样一来,不仅显著提高了企业的数据处理效率,而且极大地提升了决策响应速度,确保了企业在瞬息万变的市场竞争中能够迅速捕捉商机、规避风险。具体来说,集成化的管理会计系统能有效连接并融合企业的内部 ERP、CRM、SCM 等多类信息系统,将原本分散在各个部门角落的碎片化数据汇聚成一个完整的企业全景视图,让管理层可以直观、精准地洞察运营全貌。同时,通过对内外部数据源的深度挖掘和智能分析,有助于企业深入理解各业务环节的成本结构、盈利模式以及价值创造过程,从而实现业财一体化,彻底消除长期以来横亘于业务活动与财务管理之间的沟通壁垒。而且,集成化管理会计还能助力企业优化资源配置,通过实时监测和预警机制,帮助企业及时调整战略方向,精细化管控成本,提升盈利能力,并进一步推动组织效能的持续改进。

3. 敏捷化

面对快速变化的市场环境和客户需求,企业的反应速度和创新能力变得越来越重要。因此,管理会计数字化发展的第三个趋势是敏捷化。敏捷化管理会计强调对市场变化和业务需求的快速响应,要求企业具备高度的灵活性和适应性。通过采用敏捷化的管理会计方法和技术,企业可以更快地调整财务策略和管理流程,更好地适应市场变化和客户需求。同时,敏捷化管理会计还可以帮助企业更好地应对突发事件和危机,提高企业的风险应对能力。在智能化方面,企业可以利用人工智能、机器学习等技术提高管理会计的自动化和智能化水平。例如,通过自动化财务报告系统,企业可以快速准确地生成各类财务报表和分析报告;通过智能数据分析工具,企业可以对财务数据进行深入挖掘和可视化呈现,为决策提供更有价值的信息。同时,企业还需要加强对人工智能等技术的伦理和法律问题的关注,确保技术的合理应用和合规性。在集成化方面,企业需要将各种信息系统、数据源和业务流程进行整合和协同。这需要建立一个统一的数据管理平台或数据仓库,实现数据的集中管理和共享。通过集成化管理会计系统,企业可以打破部门壁垒和信息孤岛,加强内部协作和提高工作效率。而且,企业还需要关注数据的品质和准确性问题,建立完善的数据治理机制和管理流程。

二、管理会计数字化发展的策略

（一）提升数据质量与准确性的策略

1. 数据采集与清洗

在现今信息化社会中，企业运营活动产生的各类财务及非财务数据如同海洋般浩瀚无垠，涵盖了销售、采购、生产、库存、人力资源等各个环节。对于管理会计而言，精准而全面的数据是构建决策模型、进行成本控制和绩效评价的基础。实现数据采集的全面性与实时性，需要依托先进的信息技术手段，如ERP 系统、物联网设备等，通过接口对接或自动抓取方式获取第一手业务数据，确保数据来源的真实可靠。同时，数据采集的过程必须遵循合规性和安全性原则，保护企业核心信息不外泄。而在海量原始数据的基础上，数据清洗工作的重要性尤为凸显。这是因为在实际操作中，数据往往伴随着缺失、重复、错误等问题，严重影响到后续数据分析的准确性。因此，运用智能化的数据清洗工具和技术，对收集来的数据进行筛选、校验、填充、转换等一系列处理，使之规范化、结构化，以提升数据质量，为管理会计提供高质量的数据支撑，从而驱动更科学、精细的管理决策制定。

2. 数据验证与校准

在管理会计数字化进程中，数据验证与校准作为确保数据准确无误的关键环节，扮演着不可或缺的角色。数据的准确性直接决定了预算编制、成本分析、绩效评估等各项管理会计工作的有效性和公信力。而数据验证是对采集后的数据进行逻辑性和一致性的检验，通过对同一数据源的不同维度交叉比对，以及与其他关联数据的相互印证，排查并修正可能存在的矛盾和异常，确保数据间的内在联系清晰且符合业务逻辑。并且，数据校准则是基于企业的实际情况和业务需求，对数据进行精确调整和合理估算。例如，在预测分析时，需结合历史趋势、市场动态等因素，对现有数据进行校准，使其更贴近真实状况，进而提高预测结果的准确性。

（二）加强信息系统整合与兼容性的方法

1. 系统架构优化

系统架构优化是信息技术领域持续发展的核心任务之一，尤其在数字化时代，它对于提升系统的性能、稳定性和扩展性具有至关重要的作用。随着企业业务的不断扩张和复杂化，原有的系统架构可能逐渐暴露出性能瓶颈、维护困难以及难以适应新需求等问题。因此,系统架构优化成为企业数字化转型过程中不可或缺的一环。优化的系统架构能够确保企业信息系统的高效运作,减少资源浪费,并提升用户体验。在优化过程中,需要综合考虑系统的硬件和软件环境,包括服务器布局、网络拓扑结构、数据存储方式以及软件应用的设计等。通过引入先进的架构模式,如微服务、容器化等技术,可以实现系统的模块化、服务化,从而提高系统的可伸缩性和可维护性。随着网络安全威胁的不断升级,保护企业数据免受攻击和泄露成为架构优化的重要考量。通过采用加密技术、访问控制、安全审计等手段,可以构建起更加坚固的安全防线,确保系统的稳定运行和数据的安全。在优化系统架构的同时,还需考虑与现有系统的兼容性和平滑过渡。这要求架构师们具备深厚的技术功底和前瞻性的思维,能够准确识别现有系统中的痛点,并设计出既满足当前需求又兼顾未来发展的解决方案。通过这样的优化,企业的信息系统将能够更好地支撑业务发展,快速响应市场变化,为企业的数字化转型提供坚实的技术基础。

2. 接口标准化与协议统一

在信息技术领域,接口标准化与协议统一是实现系统互联互通、信息共享和业务协同的基础。随着企业信息化程度的不断提升,各类应用系统之间的交互日益频繁,接口与协议的不统一已成为制约系统整合与数据交换的主要障碍。因此,推动接口标准化与协议统一工作,对于提升企业信息系统的整体效能具有重要意义。接口标准化意味着不同系统之间采用统一的数据格式、传输协议和交互规范,从而实现信息的顺畅流通。这不仅可以减少系统间的数据转换成本,提高数据处理效率,还能够降低系统集成的复杂度,提升系统的可扩展性和可维护性。通过制定和实施统一的接口标准,企业可以更加便捷地实现跨系统、跨平台的数据交换与业务协同。在网络通信中,协议是不同设备、不同系统之间传递信息的桥梁。如果各个系统采用各自的通信协议,将导致信息无法准确解析和传递。因此,通过统一通信协议,可以确保信息在传输过程中的一致性和准确性,提高通信效率,降低通信成本。为了实现接口标准化与协议统一,企业需要制定详细的标准化规划,明确标准化的目标、范围和实施路径。同时,还需加强与技术供应商、行业标准化组织的合作与交流,共同推动相关标准的制定和完善。通过这样的努力,企业的信息系统将能够更加高效、稳定地运行,为企业的数字化转型提供强有力的支撑。

(三) 优化组织结构与人员配备的措施

1. 调整组织结构以适应数字化发展

在数字化浪潮席卷全球的今天,企业组织结构的调整已成为顺应时代发展的必然选择。传统的组织结构往往层级繁多、决策缓慢,难以快速响应市场变化和客户需求。而数字化发展要求企业具备敏捷、灵活和创新的特质,以便更好地捕捉机遇、应对挑战。因此,调整组织结构以适应数字化发展已成为企业转型升级的重要一环。为了适应数字化发展,企业需要构建扁平化、网络化的组织结构。通过减少管理层级、拓宽管理幅度,企业可以加快信息传递速度,提高决策效率。同时,扁平化的组织结构有助于激发员工的创造力和自主性,形成更加开放、包容的企业文化。网络化则强调企业内外部资源的整合与协同,通过构建紧密的合作伙伴关系,实现资源共享、优势互补,从而提升企业整体竞争力。在调整组织结构的过程中,企业还需注重流程的优化和重构。数字化技术为企业提供了强大的流程管理工具,通过对业务流程进行全面梳理和分析,企业可以发现流程中的瓶颈和问题,进而进行有针对性的优化和重构。这将有助于提升企业的运营效率和服务质量,更好地满足客户需求。而数字化发展是一个持续演进的过程,企业需要根据市场变化和技术发展趋势,不断调整和优化组织结构。通过建立灵活的调整机制,企业可以更加迅速地响应外部变化,保持组织结构的适应性和生命力。

2. 加强人才培养与引进机制

为了推动企业的数字化发展,加强人才培养与引进机制至关重要。企业需要建立完善的人才培养体系,通过内部培训、外部学习、项目实践等多种方式,提升员工的数字化素养和技能水平。同时,企业还应关注员工的职业发展规划和晋升通道,为员工提供广阔的发展空间和良好的职业前景,从而激发员工的工作热情和创造力。除了内部培养,企业还需积极引进外部优秀人才。通过拓宽招聘渠道、与高校和研究机构建立合作关系、参与行业人才交流活动等方式,企业可以吸引更多具有数字化背景和专业技能的人才加入。这些新鲜血液的注入将为企业带来新的思维和创意,推动企业在数字化道路上不断前行。在加强人才培养与引进机制的同时,企业还应注重人才的激励和保留。通过建立合理的薪酬体系、提供丰富的福利待遇、营造良好的工作氛围等措施,企业可以增强员工的归属感和忠诚度,降低人才流失率。这将有助于保持企业人才队伍的稳定性和竞争力,为企业的长远发展奠定坚实基础。

（四）强化信息安全与风险控制的手段

1. 加强信息安全体系建设

面对日益复杂的信息环境,企业在推进管理会计数字化的过程中,强化信息安全体系建设显得尤为重要。信息安全体系不仅关乎数据资产的安全与完整,更是企业稳定运营和持续发展的基石。对于管理会计而言,其掌握的大量敏感财务信息,一旦发生泄漏或被恶意篡改,将对企业的决策制定、成本控制以及合规经营带来重大影响。建设完善的信息安全体系,首要任务是确立全面的信息安全策略,包括但不限于数据分类分级、访问权限控制、加密传输存储等措施,确保各类财务数据在整个生命周期内的安全性。同时,应采用先进的技术手段如防火墙、入侵监测系统等,构建多层次、立体化的防护屏障,有效抵御外部攻击与内部风险。并且,建立健全信息安全管理制度,落实全员信息安全意识培训及行为规范,形成从上至下、全员参与的信息安全保障机制。通过定期的安全检查、漏洞扫描和应急演练等活动,不断提升信息安全防护水平,并针对新的威胁和挑战进行动态调整和完善,使信息安全体系真正成为保障管理会计数字化顺利实施的重要依托。

2.定期开展风险评估与审计

在管理会计数字化进程中,定期开展风险评估与审计是识别潜在威胁、防范化解风险、确保数字化转型稳健前行的关键环节。风险评估旨在全面审视整个管理会计信息系统及其运行环境,深入挖掘可能存在的安全漏洞、操作失误、流程缺陷等问题,通过科学的方法量化风险等级,明确风险管理的重点领域和优先级。具体实践中,企业应结合业务特性和信息技术发展趋势,运用定性与定量相结合的风险评估模型,对管理会计信息化系统的各个层面进行深度剖析,涵盖硬件设施、软件应用、数据管理、人员操作等多个维度,确保风险评估的全面性和准确性。而审计作为独立客观的监督机制,在数字化环境下同样发挥着不可或缺的作用。定期开展管理会计信息系统的专项审计,不仅能够核查数据的真实性和完整性,更能审查内部控制的有效性、合规性以及风险管理的合理性,及时发现并纠正存在的问题,提出改进意见和建议,从而促进管理会计数字化工作的持续优化和提升。

第三节　管理会计数字化发展的未来趋势

一、管理会计数字化的当前应用状况

(一)数字化预算管理

预算管理是企业财务管理的核心环节,对于资源分配、成本控制和业绩评价具有重要意义。管理会计数字化在预算管理领域的应用,主要体现在预算编制、执行监控和预算分析三个方面。在预算编制环节,数字化技术使得预算编制过程更加科学、高效。企业可以利用大数据和云计算等技术,对历史数据进行深入挖掘和分析,为预算编制提供准确、全面的数据支持。同时,通过构建预算模型,企业可以实现预算的自动化编制和动态调整,大大提高预算编制的效率和准确性。在执行监控环节,数字化技术使得企业可以实时监控预算执行情况,及时发现偏差并采取相应措施。通过构建预算执行监控系统,企业可以实时获取各预算项目的实际发生数据,并将其与预算数据进行对比和分析。这有助于企业及时发现预算执行过程中的问题,并采取有效措施进行纠正,确保预算目标的顺利实现。在预算分析环节,数字化技术使得企业可以对预算执行情况进行深入剖析,为管理层提供有价值的决策信息。

(二)数字化成本控制

在成本预测环节,数字化技术使得企业可以更加准确地预测未来成本的变化趋势。通过构建成本预测模型,企业可以利用历史数据和市场信息等因素对未来成本进行科学合理的预测。这有助于企业提前做好成本控制准备,避免成本超支和浪费现象的发生;在成本核算环节,数字化技术使得企业可以更加精细地进行成本核算工作。通过引入先进的成本核算系统和工具,企业可以实现成本的自动化归集和分配,确保成本核算的准确性和及时性。同时,数字化技术还可以帮助企业更加全面地考虑各种成本因素,避免成本核算过程中的遗漏和误差;在成本分析环节,数字化技术使得企业可以对成本进行深入剖析和挖掘。通过利用大数据分析和数据挖掘技术,企业可以对成本数据进行多维度、多层次的分析和比较,揭示出成本构成和变动规律。这有助于企业找到降低成本的途径和方法,提高成本控制的效果和水平。

(三)数字化业绩评价

在业绩指标设计环节,数字化技术使得企业可以更加科学地设计业绩评价指标体系。通过引入先进的业绩评价理念和方法,企业可以根据自身的战略目标和业务特点,设计出具有针对性和可操作性的业绩评价指标。这有助于企业更加全面地反映员工的绩效表现和业务成果,为激励员工和提高管理水平提供有力支持;在业绩数据收集环节,数字化技术使得企业可以更加便捷地收集员工的业绩数据。通过构建业绩数据收集系统和平台,企业可以实现业绩数据的自动化采集和整理工作。这大大减轻了员工的工作负担,提高了数据收集的效率和准确性。同时,数字化技术还可以帮助企业更加全面地考虑各种业绩因素,确保业绩数据的客观性和公正性;在业绩结果分析环节,数字化技术使得企业可以对员工的业绩进行深入分析和比较。通过利用大数据分析和可视化工具,企业可以对业绩数据进行多维度、多层次的分析和挖掘工作。这有助于企业发现员工绩效表现中的优点和不足,为制定针对性的激励措施和改进方案提供有力支持。同时,数字化技术还可以帮助企业更加直观地展示员工的业绩成果和管理水平,增强企业的凝聚力和向心力。

二、管理会计数字化发展的驱动因素

(一)技术进步与创新

1. 信息技术的飞速发展

信息技术作为数字化的基石,其飞速发展直接推动了管理会计的数字化进程。云计算、大数据、人工智能等先进技术的出现为管理会计提供了强大的数据处理和分析能力。这些技术不仅可以高效地处理海量的财务数据,还能通过算法和模型对数据进行深入挖掘,为企业的决策提供更为精准的信息支持。云计算技术使得企业可以轻松地构建财务共享平台,实现财务数据的实时共享和协同处理。大数据技术则能够帮助企业从海量的财务数据中提炼出有价值的信息,为企业的战略规划和决策提供有力支持。人工智能技术则可以模拟人类的智能行为,自动化地完成一些复杂的财务分析和决策任务,提高管理会计的效率和准确性。

2. 数据分析与决策支持工具的革新

随着数据分析技术的不断进步,越来越多的先进工具被应用到管理会计领域,为企业的决策提供更为全面和深入的信息支持。这些工具不仅可以对财务数据进行多维度的分析,还能通过预测和模拟等功能,帮助企业更好地把握市场趋势和业务机会。例如,一些先进的数据分析工具可以通过对历史数据的挖掘和分析,预测企业未来的财务状况和经营成果。这些预测结果可以为企业制定更为科学合理的预算和计划提供有力支持。同时,一些决策支持工具还可以通过模拟和优化等功能,帮助企业找到最为经济合理的资源配置方案,提高企业的整体运营效率。

3. 数字化思维与管理模式的创新

技术进步与创新不仅推动了管理会计工具和方法的变革,还引发了企业管理思维和管理模式的创新。数字化思维强调以数据为基础、以算法为驱动的管理方式,要求企业更加注重数据的收集、处理和分析工作。这种思维方式的变化直接影响了管理会计的角色和定位,使其从传统的账房先生转变为企业战略决策的重要参与者。同时,数字化也推动了企业管理模式的创新。越来越多的企业开始采用扁平化、网络化、柔性化的管理模式,以适应快速变化的市场环境。这些管理模式的变化对管理会计提出了新的挑战和要求,要求其不仅能够提供准确的财务信息,还能够为企业的战略规划和决策提供全面深入的信息支持。

(二)市场需求与竞争压力

1. 市场对高效决策及精细化管理的迫切需求

在全球经济一体化、信息技术日新月异的大背景下,企业面临着快速变化的市场环境和日益激烈的商业竞争。为适应这种瞬息万变的市场格局,企业管理层对财务信息的需求从简单的账目核算转向了实时性、前瞻性、全面性和精准性的决策支持信息。因此,管理会计数字化转型应运而生,通过大数据分析、云计算等先进技术手段,将大量纷繁复杂的业务数据转化为有价值的管理信息,助力企业在成本控制、绩效评价、预算编制等方面实现高效决策与精细化管理,满足市场对高质量财务管理服务的强烈需求。

2. 消费者行为变化引发的数据量爆炸式增长

随着电子商务、移动支付等新兴业态的发展,消费者行为模式发生了深刻变革,企业的交易数据呈现出指数级的增长态势。传统的手工处理方式已经无法应对如此海量的数据,这就要求管理会计必须依托于数字化工具,进行自动化采集、清洗、整合和分析,从而挖掘出隐藏在大数据背后的商业洞察。唯有通过数字化转型,才能让管理会计在庞杂的数据海洋中把握住企业发展脉搏,及时调整战略方向,增强竞争力。

3. 企业内部优化运营效率与降低风险的压力

面对日益激烈的市场竞争压力,企业不仅要关注外部市场动态,还需聚焦内部运营管理的效率提升与风险防控。管理会计数字化不仅能够实现业财融合,使财务部门从被动记账向主动参与业务过程转变,还可以借助智能化模型预测潜在风险,提前制定应对策略。此外,通过构建全面预算管理系统、实施滚动预算、实时成本分析等手段,有助于企业优化资源配置、降低成本支出、提高盈利能力。因此,在追求卓越运营效率和有效风险管理的压力下,管理会计数字化转型成为必然选择,以期为企业创造更大的价值空间。

(三)组织变革与管理需求

1. 组织架构扁平化与决策权下移趋势

随着企业组织结构的不断演进,从传统的垂直层级式向更为扁平化的方向发展,决策过程日益趋于分散和快速。这种变化使得中基层管理者对于实时、精准的财务信息需求愈发强烈,他们需要在各自的权限范围内做出敏捷高效的决策。因此,管理会计数字化转型势在必行,通过搭建集成化、可视化的数据分析平台,各级管理人员能够随时获取到所需的业务数据和财务指标,推动决策制定的科学性和实效性。

2. 战略导向型财务管理与价值创造需求

现代企业管理强调以战略为导向,要求财务部门从单纯的账务处理角色转变为战略合作伙伴,深度参与企业的规划、决策和控制过程。管理会计数字化的发展顺应了这一转变,它通过整合内外部资源,对海量数据进行深度挖掘和分析,为企业提供全面的价值链洞察,支持战略目标的制定与执行,并通过量化评估和监控,有效促进企业整体价值的创造与提升。

3. 精细化成本管理与绩效评价体系构建需求

随着市场竞争加剧和管理精细化程度加深,企业亟须构建更为精细的成本管理体系和科学的绩效评价机制。管理会计数字化为此提供了强大的技术支持,通过对各环节成本数据的实时追踪和精确核算,帮助企业实现成本的源头管控和动态优化;同时,借助先进的分析工具建立多维度、多层次的绩效评价模型,确保评价结果更公正、客观地反映各个部门及员工的实际贡献,从而激发内部活力,驱动企业持续改进和发展。

三、管理会计数字化未来发展趋向

(一) 智能化与自动化的深度融合

1. 人工智能在管理会计中的应用

人工智能作为当今科技发展的前沿领域,其在管理会计中的应用正逐渐改变着传统的财务管理模式。人工智能通过模拟人类的智能行为和思维方式,能够自动化地处理和分析大量的财务数据,为企业的决策提供更为精准和高效的信息支持。在管理会计中,人工智能的应用主要体现在以下几个方面:首先,人工智能可以通过智能算法和模型,自动化地完成财务预算、成本控制、业绩评价等核心管理任务。这些任务传统上需要耗费大量的人力和时间,而人工智能可以在短时间内完成,并且准确性更高。其次,人工智能还可以通过对历史数据的挖掘和分析,发现隐藏在数据中的规律和趋势,为企业的战略规划和决策提供有力的数据支持。此外,人工智能还可以模拟人类的决策过程,通过机器学习和深度学习等技术,不断优化决策模型,提高决策的准确性和效率。而且,人工智能在管理会计中的应用,不仅提高了财务管理的效率和准确性,还为企业带来了更大的商业价值。通过人工智能的应用,企业可以更加精准地把握市场趋势和业务机会,优化资源配置,提高企业的整体运营效率。同时,人工智能还可以帮助企业降低财务风险和成本,提高企业的盈利能力和竞争力。但是,人工智能在管理会计中的应用也面临着一些挑战和问题。例如,数据的质量和完整性对人工智能的分析结果具有重要影响,因此企业需要加强数据治理和数据质量控制工作。此外,人工智能的应用还需要与企业现有的管理系统和流程进行有效集成,以确保数据的准确性和一致性。

2. 自动化流程与决策支持系统的发展

随着信息技术的不断进步,自动化流程与决策支持系统在管理会计领域的应用也越来越广泛。这些系统通过整合先进的信息技术和业务流程管理工具,能够自动化地完成财务数据的收集、处理和分析工作,为企业的决策提供全面、准确、及时的信息支持。自动化流程在管理会计中的应用主要体现在财务预算、成本控制、业绩评价等核心管理流程的自动化处理上。通过引入自动化流程工具,企业可以实现财务数据的自动归集、分配和核算,大大提高财务管理的效率和准确性。同时,自动化流程还可以帮助企业优化资源配置,降低运营成本和财务风险。而决策支持系统则是自动化流程的重要补充。这些系统通过整合先进的数据分析工具和决策模型,能够为企业提供全面深入的数据分析和决策支持服务。企业可以利用决策支持系统对财务数据进行多维度的分析和挖掘,发现隐藏在数据中的规律和趋势,为企业的战略规划和决策提供有力的数据支持,并且,决策支持系统还可以帮助企业模拟和优化决策过程,提高决策的准确性和效率。

(二)大数据与云计算的广泛运用

1. 大数据在管理会计中的价值挖掘

在数字化时代,大数据已经成为企业获取竞争优势的重要资源,尤其在管理会计领域,大数据的价值挖掘正日益显现。大数据以其海量、多样、快速和真实的特点,为管理会计提供了前所未有的信息深度和广度,极大地提升了企业财务管理的精细化、智能化水平。在传统的管理会计中,企业往往只能依靠有限的、结构化的财务数据进行分析和决策。然而,在大数据技术的支持下,企业可以收集并处理来自各个渠道、各种类型的非结构化数据,如社交媒体信息、用户行为日志、市场趋势报告等。这些数据与企业的财务数据相结合,能够揭示出更多有价值的商业洞察,帮助企业在激烈的市场竞争中做出更加明智的决策。

大数据在管理会计中一方面可以进行市场趋势预测,通过对海量数据的分析,企业可以更加准确地把握市场动态和消费者需求,从而调整产品策略和市场策略;另一方面,大数据可以帮助企业精确追踪和分析成本来源,发现成本节约的潜在机会,提高成本控制的效果。并且,大数据技术可以帮助企业实时监测潜在的财务风险,提前预警并采取应对措施,降低企业的财务风险损失,而且大数据可以提供更加全面、客观的业绩评价指标和数据,使企业的业绩评价更加科学和公正。对此,企业需要构建完善的大数据平台和数据治理体系,确保数据的准确性、完整性和安全性。同时,企业还需要培养一支具备大数据分析和应用能力的管理会计团队,通过不断学习和实践,将大数据技术与管理会计知识深度融合,为企业的财务管理和战略决策提供有力支持。

2. 云计算对管理会计的促进作用

云计算作为一种新兴的信息技术,以其弹性可扩展、按需付费、易于维护等优势,正逐渐渗透到企业管理的各个领域,对管理会计的发展产生了深远的影响。云计算通过提供强大的计算能力和存储空间,极大地提升了管理会计的数据处理能力和工作效率,为企业带来了显著的商业价值。在传统的管理会计模式下,企业需要投入大量的资金和人力来建设和维护复杂的财务信息系统。然而,在云计算的支持下,企业可以将这些烦琐的 IT 工作外包给专业的云服务提供商,从而专注于自身的核心业务和财务管理。云服务提供商通过构建高度可扩展的云计算平台,可以为企业提供弹性可调的计算资源和存储空间,满足企业在不同发展阶段的需求。云计算在管理会计中一方面可以有效提高财务数据的处理效率,云计算的分布式计算架构可以并行处理海量的财务数据,大大缩短了数据处理的时间;另一方面可以有效降低企业的 IT 成本,云计算的按需付费模式使企业只需支付实际使用的资源费用,避免了浪费。而且,云服务提供商通常采用先进的数据加密技术和安全防护措施,确保企业财务数据的安全性和隐私性,并且,云计算的跨地域、跨平台特性使得不同企业之间可以更加方便地进行财务数据的共享和协作。对此,企业需要选择合适的云服务提供商,并与其建立长期稳定的合作关系,还需要加强内部员工的云计算技能培训,提高员工对云计算的认知和应用能力。不仅如此,企业还需要不断完善云计算环境下的财务管理流程和制度,确保云计算在管理会计中的有效应用。

（三）跨界融合与创新发展

1. 管理会计与其他领域的融合

在当前的商业环境下，管理会计已不再是一个孤立的领域，而是与其他多个领域产生了紧密的融合。这种融合不仅丰富了管理会计的内涵，还提高了其在企业决策中的战略地位。与市场营销的融合使得管理会计能够更加精准地评估市场活动的财务效果，为产品定位和市场策略提供数据支持。与人力资源管理的结合则让管理会计在人力资源成本控制、绩效评估以及激励机制设计等方面发挥了重要作用。此外，与信息技术的深度融合更是推动了管理会计的数字化转型，使其在处理海量数据、提供即时财务信息以及支持复杂决策分析等方面展现出前所未有的能力。这种跨领域的融合对管理会计的实践产生了深远的影响。一方面，它要求管理会计从业者具备更广泛的知识背景和更强的跨部门协作能力，以便在多元化的信息环境中有效整合和利用资源。另一方面，融合也催生了新的管理会计工具和方法，如基于大数据和人工智能的预测分析模型、综合性的绩效评估框架等，这些都有助于提升企业的决策效率和价值创造能力。随着数字化、智能化技术的不断发展，管理会计将在更多领域发挥其独特的价值，成为连接企业战略、运营与财务的桥梁和纽带。因此，企业必须重视管理会计的跨领域融合趋势，积极推动相关理念和实践的创新发展，以适应日益复杂的商业环境。

2. 创新型管理会计模式

随着商业环境的不断变化和技术的持续进步，创新型管理会计模式正在逐步兴起并引领着企业财务管理的新方向。这些新模式突破了传统管理会计的局限，更加注重战略导向、价值创造和决策支持，为企业在激烈的市场竞争中赢得了先机。一种显著的创新型管理会计模式是战略成本管理，它将成本管理提升至战略层面，通过深入分析成本结构和成本动因，帮助企业识别并优化价值链中的关键环节，从而实现成本领先和竞争优势。另一种值得关注的模式是绩效管理会计，它强调以价值创造为核心，通过构建多维度的绩效评价体系和激励机制，激发员工的创造力和积极性，推动企业整体业绩的提升。这些创新型管理会计模式的出现，不仅反映了企业对财务管理精细化和智能化的需求增长，也体现了管理会计在实践中不断追求创新和发展的精神。它们的应用为企业带来了显著的效益提升，如降低成本、提高决策效率、优化资源配置等，成为推动企业可持续发展的重要力量。随着大数据、人工智能等先进技术的广泛应用，这些模式将进一步完善和发展，为企业提供更加精准、高效和智能化的财务管理解决方案。因此，企业应积极拥抱创新，不断探索和实践新的管理会计模式，以适应快速变化的商业环境并赢得未来的竞争优势。

（四）安全性与隐私保护的日益重视

1. 信息安全挑战与管理会计数字化应对策略

在全球信息化浪潮中，企业进行管理会计数字化转型的同时，也面临着严峻的信息安全挑战。由于管理会计数据包含了企业核心的财务信息和商业秘密，一旦遭受攻击或泄露，将给企业带来不可估量的经济损失和信誉损害。针对这一挑战，企业应采取多重防御措施来保障管理会计数字化环境的安全。这就需要企业强化数据加密技术应用，确保在数据传输、存储过程中的安全性，防止数据被非法截取或篡改。并且，构建严格的身份认证与访问控制体系，仅允许授权人员访问相应级别的财务数据，防止内部恶意操作或外部非法入侵。还需要建立健全风险评估与应急响应机制，定期进行系统安全漏洞扫描和渗透测试，对潜在风险进行及时预警和快速修复。而且要加强员工的信息安全培训，提升全员信息安全意识，从源头上降低因人为疏忽导致的数据泄露风险。

2. 隐私保护技术在管理会计中的关键应用

随着数据隐私保护法规日益严苛，如何在管理会计数字化过程中有效保护用户及企业自身的敏感信息成为了重要议题。在此背景下，隐私保护技术在管理会计领域的应用显得尤为重要。一方面，采用差分隐私等前沿技术，在数据收集、处理和分析阶段对原始数据进行扰动，既满足了数据分析的需求，又能最大程度地保证个体隐私不被识别和泄露。另一方面，实施数据最小化原则，只收集业务开展所必需的最小范围内的财务数据，并通过匿名化、去标识化等手段进一步降低数据关联到特定个人的风险。此外，建立完善的数据生命周期管理体系，明确数据的产生、使用、存储、销毁等各环节的责任人及其行为规范，确保在全过程中遵循隐私保护原则。

第八章　管理会计数字化与企业战略融合

第一节　数字化时代企业战略的新特点

一、数字化时代对企业的影响与挑战

(一)数字化时代对企业的影响

1. 企业运营方式的变革

数字化技术的广泛应用使得企业运营方式发生了根本性的变革。传统的手工操作、纸质记录逐渐被自动化、电子化的流程所取代。企业内部的信息系统日益完善,各部门之间的数据共享和协同工作成为可能,大大提高了工作效率。同时,数字化技术也推动了企业供应链的优化。通过物联网、大数据等技术,企业可以实时掌握供应链各环节的信息,实现精准的库存管理和物流配送,降低运营成本。此外,数字化技术还促进了企业与供应商、客户之间的紧密合作,形成了更加紧密的产业链和生态圈。

2. 管理模式的创新

数字化时代为企业带来了丰富的管理手段和工具,推动了管理模式的创新。首先,数据分析成为企业决策的重要依据。通过对海量数据的挖掘和分析,企业可以更加准确地把握市场动态和客户需求,制定出更加精准的市场策略。而且,数字化技术为企业提供了更加灵活的组织形式。远程办公、虚拟团队等新型工作模式逐渐成为常态,打破了时间和空间的限制,使企业能够更加高效地利用人力资源。同时,数字化技术也推动了企业内部沟通方式的变革,如企业微信、钉钉等即时通信工具的应用,大大提升了沟通效率。并且,数字化技术还为企业提供了个性化的管理工具。通过定制化的软件系统和应用程序,企业可以更加精准地满足员工和客户的需求,提升管理效果和客户满意度。

3. 市场环境的重塑

数字化时代对企业市场环境产生了深远的影响,消费者的购物习惯发生

了巨大变化。线上购物、移动支付等新型消费方式逐渐成为主流,要求企业必须具备强大的线上营销和服务能力。而数字化技术的普及使得新兴企业能够快速崛起并挑战传统巨头的地位。同时,跨界竞争也日益激烈,要求企业必须具备更加敏锐的市场洞察力和创新能力。并且,通过互联网和跨境电商平台,企业可以更加便捷地拓展海外市场并参与国际竞争。然而,这也要求企业必须具备更加完善的国际化战略和跨文化管理能力。

(二)数字化时代对企业的挑战

1. 技术更新迭代与数据管理挑战

随着大数据、云计算、人工智能、区块链等新兴技术的快速发展,企业需要紧跟科技潮流,不断进行技术创新与应用。然而,这同时也带来了巨大的挑战:首先,企业必须投入大量资源进行技术研发或引入外部解决方案,以保持业务系统的先进性和竞争力;其次,海量数据的产生与积累对企业数据管理能力提出了更高要求,如何高效采集、清洗、存储、分析和保护数据成为企业面临的一大难题。此外,数据安全问题愈发突出,如何在利用数据创造价值的同时确保合规合法,防止数据泄露、篡改或滥用,是企业无法回避的挑战。

2. 组织架构与人才队伍建设挑战

传统的企业组织架构往往层级分明,决策过程相对冗长,在数字化转型过程中可能难以快速响应市场变化。因此,企业需重新审视并优化其组织结构,推动组织扁平化、灵活化以及协同化,构建更加敏捷高效的团队运作机制。同时,数字化时代的到来对人才需求产生了结构性变革,企业急需培养和引进既懂业务又精通数字技术的复合型人才,尤其是具备数据分析、算法开发、网络安全等相关技能的专业人才,以支持企业数字化战略的实施。

3. 战略定位与商业模式创新挑战

在数字化浪潮中,传统的商业模式正在被颠覆,许多行业边界变得模糊,跨界竞争日趋激烈。企业需要重新思考自身的战略定位,挖掘并把握住数字化带来的新机遇。一方面,企业要善于运用数字化工具和技术手段来重塑产品和服务,提升客户体验,从而在市场竞争中脱颖而出;另一方面,企业还需探索新的盈利模式,如基于平台经济、共享经济等新兴业态开展业务,实现从产品销售向服务提供、价值共创的转变。

4. 客户关系与营销策略调整挑战

数字化改变了消费者的购买行为和信息获取方式,消费者期望得到个性化、实时化的服务。这就要求企业必须重构客户关系管理模式,借助大数据分析精准洞察客户需求,通过社交媒体、移动互联网等多渠道互动,建立更为紧密的客户关系。同时,企业的营销策略也需要与时俱进,利用数字化手段开展精细化运营,例如通过智能化广告投放、内容营销、社区营销等方式提高营销效果,有效触达目标客户群体。

二、数字化时代企业战略的特征

(一)以数据为驱动的决策模式

1. 数据驱动决策的基础

数据驱动的决策模式是指企业在制定策略或解决问题时,充分利用内部及外部各类数据资源,通过科学的数据分析方法揭示隐藏在数据背后的业务规律和市场趋势,从而做出更加精准且有依据的决策。这一模式的价值体现在:首先,它能够帮助企业管理者超越主观经验和直觉判断,基于客观、全面的数据进行定量分析,降低决策失误的风险;其次,通过对海量数据的挖掘和利用,企业能更深入地了解客户需求、产品性能、市场动态等关键信息,进而实现精细化管理和个性化服务;最后,数据驱动的决策模式还能够推动企业的持续改进和创新,通过对历史数据的深度学习和预测模型的应用,预见未来可能的发展路径,助力企业抢占先机。

2. 构建数据驱动决策体系的挑战

要成功构建并运行一个有效的数据驱动决策体系并非易事,企业需要面对多重挑战。首要挑战在于数据的质量与整合。企业必须确保采集到的数据准确无误,并建立完善的数据治理体系,解决异构系统间的数据孤岛问题,实现跨部门、跨系统的数据共享与融合。其次是数据分析能力的建设,这包括引进和培养具备强大数据分析技能的专业人才,以及选择和部署高效的数据分析工具和技术平台。此外,如何将数据分析结果有效地转化为可执行的业务策略也是一个难题,要求企业领导者具有较高的数据素养,理解并接受数据驱动的理念,将其融入企业文化与决策流程中。

3. 持续优化

实施数据驱动决策的过程中,一方面,随着内外部环境的变化,数据驱动决策并不是一劳永逸的过程,企业应保持对新技术的关注与应用,不断优化数据处理和分析的方法论,以适应快速变化的市场需求。另一方面,在大数据环境下,隐私保护和数据伦理问题日益凸显,企业在追求商业价值的同时,必须坚守合法合规底线,建立健全用户隐私保护机制,尊重数据主体权益,避免滥用数据引发的信任危机。

(二) 平台化、生态化的经营模式

1. 平台化经营模式的内涵

平台化经营模式是指企业通过构建一个开放、共享的商业平台,将不同的参与者如供应商、消费者、服务提供者等连接起来,实现资源的有效整合和优化配置。在这一模式下,企业不再是传统意义上的产品或服务单一提供者,而是转变为规则制定者和交易撮合者,为各方参与者创造价值共享的环境。其核心价值在于:首先,平台化能够极大地降低交易成本,通过集中化的信息展示和匹配机制,使得供需双方更便捷地找到对方,提高市场效率;其次,平台可以聚合海量用户,形成规模效应,有助于企业迅速扩大市场份额,增强竞争力;最后,平台化经营模式鼓励多方创新与合作,促进业务生态的繁荣与发展,从而持续推动企业的成长与进化。

2. 生态化经营模式的特征

(1) 整体性与系统性

生态化经营模式强调企业运营的整体性和系统性。在这种模式下,企业不再孤立地看待自身的经营活动,而是将其置于一个更大的生态系统中进行考量。这个生态系统包括企业所处的自然环境、社会环境以及与之相关的各种利益相关者。企业在进行决策时,需要综合考虑生态系统的整体利益,而不仅仅是自身的经济利益。例如,在产品开发阶段,企业需要考虑产品的环保性能和对生态系统的影响;在供应链管理中,企业需要关注供应链的可持续性和对环境的影响;在市场营销中,企业需要注重与消费者的沟通和教育,引导消费者形成绿色的消费观念。这种整体性与系统性的思维方式有助于企业更好地融入生态系统,与生态系统中的其他成员建立紧密的合作关系,共同推动生态系统的健康发展。

(2) 循环性与共享性

生态化经营模式注重资源的循环利用和共享。在传统的经营模式中,企业往往采用线性的生产方式,即"原料–产品–废物"的单向流动。这种方式不仅造成了资源的浪费,还对环境造成了严重的污染。而在生态化经营模式中,企业采用循环经济的理念,通过技术创新和流程优化,实现资源的最大化利用和废物的最小化排放。例如,企业可以通过回收利用废旧产品中的有用材料,减少对新资源的需求;通过改进生产工艺,降低生产过程中的能耗和排放;通过与其他企业的合作,实现资源的共享和互补。这种循环性与共享性的特征不仅有助于提高企业的资源利用效率和经济效益,还能为整个社会和环境带来积极的影响。它推动了企业之间的合作与共赢,促进了资源的合理配置和高效利用,为构建可持续发展的社会提供了有力的支持。

(3)创新性与适应性

生态化经营模式强调企业的创新能力和适应性。在快速变化的市场环境和日益严峻的环境挑战下,企业需要不断创新和适应才能保持竞争优势。创新是推动生态化经营模式发展的核心动力。企业需要不断进行技术创新、管理创新和市场创新,探索新的生产方式、经营模式和商业模式,以适应不断变化的市场需求和环境要求。例如,企业可以通过研发新的环保技术和产品,开拓新的市场领域;通过优化管理流程和组织结构,提高企业的运营效率和灵活性;通过与政府、社会组织和其他企业的合作,共同推动生态化经营模式的发展。适应性是企业应对市场变化和环境挑战的关键能力。企业需要密切关注市场动态和环境变化,及时调整经营策略和业务模式,以适应新的市场环境和竞争态势。例如,在面对环保法规的日益严格和消费者环保意识的提高时,企业需要积极调整产品策略和市场策略,推出更加环保的产品和服务;在面对资源短缺和能源价格上涨时,企业需要寻找新的资源来源和能源替代方案,以降低生产成本和风险。

3. 平台化与生态化相结合的战略转型挑战与机遇

面对数字化时代的变革浪潮,越来越多的企业选择将平台化与生态化相结合,以驱动商业模式创新和战略转型。然而,在此过程中,企业需要克服一系列挑战:首先,在技术层面,如何利用云计算、大数据、人工智能等前沿科技手段打造高效稳定的平台基础设施,并确保数据安全与隐私保护;其次,在组织管理层面,需要调整传统的垂直化管理模式,转向扁平化、灵活化的组织架构,培养员工对平台思维和生态理念的理解与执行能力;再次,在合作模式层面,企业需建立起公平透明的合作规则,平衡各方利益诉求,确保生态体系内的共赢共生关系得以长久维系。尽管挑战重重,但平台化与生态化结合带来的发展机遇同样巨大,它有助于企业从单纯的产品或服务竞争转向以平台和生态为基础的价值链竞争,拓宽盈利空间,而且还能够快速响应市场需求变化,通过生态内部的资源整合与协同创新,实现更快的产品迭代和服务升级,并且能够助力企业构筑壁垒,通过创建难以复制的生态系统优势,巩固自身在行业中的领导地位。

（三）创新导向的组织文化与能力

1. 创新导向组织文化的内涵

创新导向的组织文化是一种鼓励并支持员工积极主动探索、尝试和实施创新行为的企业精神内核。这种文化强调在企业内部营造一种开放包容、勇于挑战现状、乐于接受失败并从中学习的氛围，以及对新鲜事物和新颖观点的尊重与接纳。而构建创新导向组织文化的关键在于，高层领导明确表达对创新的重视和支持，并通过实际行动树立榜样，例如倡导试错文化，设立专门的创新基金等，还要建立一套公正透明的激励机制，确保员工的创新成果得到充分认可和回报，激发其内在动力，并要创建一个利于交流互动的工作环境，促进跨部门、跨层级的知识共享和合作，形成协同创新的良好局面。

2. 创新能力的培养与提升

创新能力是创新导向组织的核心竞争力之一，涵盖技术、市场、管理等多个层面。要提升创新能力，就需要企业持续投入研发资源，引进和培养具备多元背景和跨界视野的专业人才，打造富有活力的人才梯队，并要搭建科学的研发体系，采用敏捷开发、设计思维等先进的创新方法论，提高创新项目的成功率。而且还要强化知识管理和知识产权保护，确保创新成果能够转化为实际生产力，并为企业带来持久的竞争优势。最重要的是借助内外部资源，与高校、科研机构及产业链上下游伙伴开展深度合作，共同推动创新生态系统的建设与发展。

3. 创新导向组织文化的落地实践与评估优化

创新导向的组织文化并非一蹴而就，而是需要通过系统性的工作才能真正落地生根。企业在实践中应制定翔实可行的创新战略规划，明确短期目标与长期愿景，指导全体员工围绕创新主线共同努力，还要将创新理念融入日常运营与决策过程中，通过工作流程再造、组织结构优化等方式，使创新成为企业文化不可分割的一部分。并要定期进行创新成效评估，审视既有创新项目进展及成果产出，反思总结经验教训，不断调整和完善创新策略，而且要注重文化建设的动态性和连续性，以举办各类创新活动、培训课程及表彰大会等形式，让创新文化深入人心，实现组织文化的迭代升级。

（四）敏捷、灵活的组织结构与流程

1. 灵活流程设计的重要性

在敏捷组织中，灵活流程是确保高效运作的关键要素。灵活流程强调根

据项目需求和内外部环境动态调整工作流程,摒弃僵化固定的模式,注重结果导向和持续优化。具体实践中,应采用敏捷开发方法论,将大任务拆解为小批次、短周期的工作模块,实现快速迭代和反馈。还要实施跨部门、跨职能团队合作,打破传统壁垒,确保资源有效整合和协调,并要建立实时沟通机制,保证信息透明共享,以利于及时发现问题并做出相应调整,更要定期审视和改进流程,以适应业务发展和市场需求的变化。

2. 从战略层面推动组织结构与流程变革

要构建真正的敏捷、灵活的组织结构与流程,企业需要明确企业发展愿景和目标,理解为何以及如何通过组织结构调整和流程优化来支持这一愿景的实现,而领导层需扮演积极的角色,推动文化转型,培育敢于创新、勇于试错的企业氛围。还要积极投资于人才培养和技术基础设施建设,提供必要的工具、平台和支持,助力员工成功执行新的工作方式,并要积极引入有效的评估体系,监测和衡量组织结构与流程变革带来的实际效果,并据此进行持续优化。

第二节 管理会计数字化在企业战略 制定与执行中的角色

一、管理会计数字化的核心要素与特征

(一)管理会计数字化的核心要素

1. 数据基础

没有准确、完整的数据,数字化管理会计就无从谈起。因此,建立坚实的数据基础是管理会计数字化的首要任务。数据基础的建设包括数据采集、存储、处理和分析等环节。在数据采集方面,企业需要确保数据的来源可靠、准确,避免数据失真和误导。在数据存储方面,企业需要建立安全、稳定的数据存储系统,确保数据的安全性和可用性。在数据处理和分析方面,企业需要运用先进的数据处理技术和分析方法,对海量的数据进行挖掘和提炼,为管理决策提供有价值的信息。为了实现数据基础的高效运作,企业还需要建立完善的数据治理机制。这包括制定数据标准、规范数据流程、明确数据责任等,以确保数据的质量和效率。同时,企业还需要加强对数据的安全管理,防止数据泄露和滥用。

2. 技术支撑

随着信息技术的不断发展,越来越多的先进技术被应用于管理会计领域,

为数字化管理会计提供了强大的支撑。尤其是云计算技术,为管理会计提供了弹性的计算资源和存储空间。通过云计算平台,企业可以随时随地访问和处理数据,提高了工作效率和数据安全性。而且,大数据技术为管理会计提供了强大的数据处理和分析能力。通过大数据技术,企业可以对海量的数据进行快速处理和分析,挖掘出隐藏在数据中的价值信息。并且,人工智能技术为管理会计提供了智能化的决策支持。通过机器学习、深度学习等人工智能技术,企业可以模拟人类的思维过程,对数据进行自动分类、识别、预测等操作,为管理决策提供智能化的支持。不仅如此,区块链技术为管理会计提供了去中心化、可追溯的数据管理机制。通过区块链技术,企业可以确保数据的真实性和完整性,防止数据被篡改和伪造。

(二)管理会计数字化的核心特征

1. 数据驱动的决策支持

管理会计数字化的核心特征之一是其强大的数据处理与分析能力,它改变了传统会计信息生成和使用的模式。在数字化背景下,管理会计系统能够实时、准确地收集、整合企业内部各个业务环节产生的海量数据,并通过先进的数据分析工具进行深度挖掘和智能解读,为企业管理者提供全方位、多维度的决策依据。这种以数据驱动的决策支持体系有助于提升战略规划、成本控制、绩效评估等方面的精准度和效率,从而助力企业实现精细化管理和优化资源配置。

2. 实时性和动态性增强

管理会计数字化的另一显著特征体现在实时性与动态性上。传统的管理会计信息往往具有一定的滞后性,而数字化技术的应用使得会计信息的获取和处理得以实时化,企业管理者可以及时了解到最新的经营状况和财务表现,快速响应市场变化及内部运营需求。同时,借助于云计算、大数据等信息技术,企业能构建灵活且高度可视化的财务模型,模拟并预测不同经营策略的效果,实现对经营管理活动的动态监控与调整。

3. 智能化与自动化程度提高

管理会计数字化的第三个核心特征是智能化与自动化水平的大幅提升。随着人工智能、机器学习等前沿科技的发展与应用,管理会计系统具备了更强的自主学习与判断能力,可自动完成大量烦琐复杂的核算任务,如成本分摊、预算编制、绩效评价等。此外,智能化的预警机制和分析功能也得以强化,能够在潜在风险发生前进行识别并提出解决方案,进一步提升了企业的风险管理能力。这种自动化和智能化的优势不仅减轻了财务人员的工作负担,释放出更多精力用于更高层次的战略思考和价值创造,同时也有效提高了整个组织的运营效能和竞争优势。

二、企业战略制定中的管理会计数字化

(一)企业战略制定的基本流程

1. 战略环境分析与诊断

在企业战略制定的初始环节,全面而深入的战略环境分析是至关重要的第一步。这一过程的核心是对企业的内外部环境进行系统性的扫描和研究,以便准确把握市场动态、识别机遇与挑战,并评估自身在竞争格局中的位置。而宏观环境分析涉及对宏观经济状况、政策法规变化、社会文化变迁以及技术革新等层面的洞察,这些因素可能对企业未来发展产生深远影响。例如,全球化趋势下的新兴市场开拓机会,或政府出台的环保政策导致的行业转型压力等。而且,行业环境分析主要运用五力模型、PESTEL 分析法等工具,详细探究行业的竞争程度、供应商与客户议价能力、潜在进入者威胁及替代品风险等。通过对行业结构、生命周期阶段和价值链分布的深度剖析,企业能够明确其在产业链条中的定位以及如何应对行业内的激烈竞争。并且,通过 SWOT 分析,企业可以识别出核心竞争力、独特资源、运营优势以及存在的不足。了解并挖掘企业内部潜力,有助于确定企业在市场竞争中发挥优势、弥补短板的策略方向。

2. 战略目标设定与规划

基于前期详尽的战略环境分析,企业需要清晰地界定战略目标并据此设计实施路径。这一阶段涵盖了愿景使命陈述、战略目标的确立和具体战略规划的编制。首要任务是明确企业的长期愿景和使命,这为企业的长远发展提供精神支柱和价值导向。愿景描绘了企业希望实现的未来蓝图,使命则阐明了企业为何存在、要解决何种问题以及创造何种价值。接下来,根据愿景使命和对内外部环境的理解,企业应设定具有挑战性但可达成的短期和长期战略目标,涵盖市场份额提升、盈利能力增强、创新能力提升等多个维度。在此基础上,企业需选择适合自己的战略定位,如成本领先、差异化或集中化等,以确保在竞争激烈的市场环境中找到独特的生存与发展之道。并且,企业将战略目标转化为详细的行动方案,形成战略规划。规划内容包括但不限于业务发展策略、资源配置计划、组织结构调整、人力资源管理等方面,确保每个层面和

环节的工作都紧密围绕战略目标展开。

3. 战略执行与监控反馈调整

在战略执行过程中,企业首先要将整体战略细化分解到各个部门、团队乃至个人层面,确保全体员工理解并接受战略意图,需要合理配置人力、物力、财力等资源,确保资源投向与战略目标保持一致。与此同时,企业必须构建完善的业绩指标体系(KPIs),实时监测战略执行进度与效果,快速发现问题并采取针对性措施予以纠偏。通过定期开展战略执行情况的评估审查,总结经验教训,及时发现战略执行过程中的瓶颈与障碍。尤为重要的是,随着外部环境的不断变化以及战略执行的实际反馈,企业必须具备灵活适应的能力,即根据新的信息和情况适时调整战略方向和具体内容。只有这样,企业才能始终保持战略的有效性和前瞻性,从而在复杂多变的商业环境中稳步前行,实现可持续发展。

(二)管理会计数字化在企业内外部环境分析中的应用

1. 企业内部环境分析中的应用

(1)资源与能力评估

通过数字化手段,管理会计可以更加全面、准确地评估企业的资源和能力。例如,利用大数据分析技术,企业可以对自身的资产、负债、现金流等财务状况进行深入分析,了解企业的财务实力和风险承受能力。同时,通过对企业研发、生产、销售等业务流程的数字化模拟和仿真,企业可以评估自身的运营能力和市场竞争力。

(2)成本与收益分析

管理会计数字化使得企业可以更加精细地进行成本和收益分析。通过数字化工具,企业可以追踪和分析每个产品、每个项目、每个客户的成本和收益情况,为产品定价、项目决策、客户选择等提供科学依据。这有助于企业优化资源配置,提高盈利能力。

(3)业绩评价与激励

数字化管理会计为企业提供了更加客观、公正的业绩评价手段。通过设定明确的业绩指标和评价体系,并利用数字化工具进行实时监控和数据分析,企业可以对各部门的业绩进行准确评价。同时,基于业绩评价结果,企业可以制定合理的激励机制,激发员工的积极性和创造力。

2. 企业外部环境分析中的应用

(1)市场趋势预测

通过收集和分析大量的市场数据,管理会计可以帮助企业预测市场趋势和变化。例如,利用大数据分析技术,企业可以对消费者的购买行为、偏好变化等进行深入研究,为产品开发和市场营销提供有力支持。同时,通过对行业发展趋势的预测和分析,企业可以及时调整战略方向,抓住市场机遇。

（2）竞争对手分析

管理会计数字化使得企业可以更加全面、深入地了解竞争对手的情况。通过收集和分析竞争对手的财务数据、业务数据等,企业可以评估竞争对手的实力和优势,为制定竞争策略提供依据。同时,通过对竞争对手的动态监控和数据分析,企业可以及时应对竞争威胁和市场变化。

（3）政策风险应对

政策环境是企业外部环境的重要组成部分。管理会计数字化可以帮助企业更好地应对政策风险。例如,通过实时关注政策动态和利用大数据分析技术对政策影响进行预测和评估,企业可以提前做好应对准备,降低政策风险带来的损失。同时,通过与政府部门的沟通和协作,企业可以积极参与政策制定过程,为自身发展争取更多政策支持。

3. 内外部环境综合分析中的应用

管理会计数字化还可以将企业内部环境和外部环境进行综合分析,为企业战略制定提供更加全面、准确的依据。通过整合企业内部和外部的数据资源,并利用先进的数据处理技术和分析方法进行深度挖掘和分析,企业可以更加清晰地了解自身的优势和劣势以及面临的机会和威胁。这有助于企业制定更加合理、可行的战略目标和发展规划。同时,在综合分析过程中,管理会计还可以帮助企业识别并应对潜在的风险和挑战。通过实时监控和预警机制,企业可以及时发现并解决潜在问题,确保战略目标的顺利实现。

（三）管理会计数字化在战略目标设定中的作用

1. 数据驱动的战略洞察

管理会计数字化在战略目标设定中发挥了关键的支撑作用,它通过收集、整合和分析企业内部各类运营数据,为企业管理者提供精准的战略洞察。数字化管理会计系统能够实时监测企业的财务状况、成本结构、盈利能力以及业务流程效率等关键指标,基于大数据技术和先进的分析工具,对这些信息进行深度挖掘和解读,揭示出潜在的机会与挑战。这一过程有助于企业在制定战略目标时,基于翔实的数据基础,明确自身的竞争优势、资源短板以及市场定位,确保战略目标设定既具有前瞻性,又符合企业实际经营状况。

2. 精细化预算编制

在战略目标设定阶段,管理会计数字化进一步助力于精细化的预算编制与资源配置方案设计。利用数字化技术,企业可以更加准确地预测未来收入和成本,依据战略目标要求,结合滚动预算、零基预算等多种预算编制方法,制定出与企业战略相匹配的短期和长期预算计划。而且,通过对各项业务活动的成本效益分析,管理会计数字化可协助企业优化资源配置,聚焦高价值环节,将有限资源投入到最具战略意义的项目和领域,从而实现战略目标的有效落地实施。

3.绩效评价与战略执行监控一体化

管理会计数字化还能构建起与战略目标紧密关联的绩效评价体系,促进战略目标的执行监控和动态调整。通过建立与战略目标相呼应的关键绩效指标(KPIs),企业可以直观衡量各部门及员工的工作成效,并及时获取关于战略执行进度和效果的反馈信息。此外,借助于数字化平台的实时报告功能,企业管理者可以迅速识别战略执行过程中出现的问题,进而采取相应措施予以纠正或优化,保证战略目标的达成。

(四)管理会计数字化在战略选择与评价中的支持

1.数据驱动背景下的战略决策支持

在数字化时代,数据已成为企业决策的核心资源。管理会计数字化通过收集、整理和分析企业内外部的大量数据,为战略选择提供全面、准确的信息支持。这些数据包括市场趋势、竞争对手情况、客户需求、企业内部资源与能力等,有助于企业全面了解市场环境和自身状况。基于这些数据,管理会计可以利用先进的数据分析技术,如大数据挖掘、机器学习等,对数据进行深入挖掘和分析,发现数据背后的规律和趋势。这些分析结果可以为企业战略选择提供科学依据,帮助企业识别市场机遇和威胁,评估不同战略方案的可行性和风险。并且,管理会计数字化还可以实时跟踪和监控战略实施过程中的数据变化,及时发现问题并进行调整。这种数据驱动的决策方式有助于提高战略决策的灵活性和准确性,使企业能够更好地应对市场变化和挑战。

2.战略绩效评价与优化

战略绩效评价是检验战略实施效果的重要环节。管理会计数字化通过构建科学的绩效评价体系,对战略实施过程中的各项指标进行量化分析和综合评价,帮助企业客观评估战略绩效。具体来说,管理会计数字化可以设定明确的绩效指标,如销售收入、市场份额、客户满意度等,并利用数字化工具进行实时跟踪和监控。通过对这些指标的分析和比较,企业可以了解战略目标的完成情况,以及各部门、各业务单元的绩效表现。而且,管理会计数字化还可以利用先进的数据分析技术,对绩效数据进行深入挖掘和分析。例如,通过对销售数据的分析,企业可以了解不同产品、不同区域、不同客户群的销售情况,为市场策略调整提供依据。通过对成本数据的分析,企业可以找出成本控制的关键环节和潜在改进空间,为成本优化提供方向。并且,在战略绩效评价过程中,管理会计数字化还可以帮助企业识别战略实施过程中的问题和挑战。通过及时反馈和调整,企业可以不断完善战略方案和实施计划,提高战略执行效率和效果。

3. 企业风险管理与战略调整

管理会计数字化通过构建完善的风险管理体系,帮助企业识别、评估和控制战略实施过程中的各种风险。具体而言,管理会计数字化可以利用大数据分析和预测模型等技术手段,对企业内外部的各种风险因素进行全面识别和评估。这些风险因素包括市场风险、竞争风险、技术风险、财务风险等。通过对这些风险因素的分析和比较,企业可以了解不同战略方案下的风险水平和潜在影响。并且,管理会计数字化还可以帮助企业制定针对性的风险应对策略和措施。例如,通过调整市场策略、优化产品组合、加强成本控制等方式来降低市场风险;通过加强技术研发、提升产品创新能力等方式来应对技术风险;通过优化资本结构、加强财务风险管理等方式来降低财务风险等。在战略实施过程中,当企业面临重大风险或市场环境发生重大变化时,管理会计数字化还可以为企业提供及时的战略调整建议。通过对市场趋势的实时跟踪和分析,以及对企业内部资源和能力的准确评估,管理会计可以帮助企业快速做出战略调整决策,确保企业能够灵活应对市场变化和挑战。

三、企业战略执行中的管理会计数字化

(一)企业战略执行的关键环节

1. 明确战略目标与规划

战略目标是企业战略的核心,它指导着企业在未来一段时间内的发展方向和奋斗目标。战略目标需要具有明确性、可衡量性和可实现性,以便为企业的战略执行提供清晰的指引。在明确战略目标的基础上,企业还需要制定详细的战略规划。战略规划包括战略分析、战略选择、战略实施计划和战略评估等环节。通过战略规划,企业可以将战略目标分解为具体的执行计划和行动步骤,明确各部门的职责和任务,确保战略执行的协调性和一致性。而且,企业需要定期对战略目标进行评估和调整,确保战略与市场环境、竞争态势和企

业内部资源相匹配。同时,企业还需要建立灵活的战略调整机制,以便在市场环境发生重大变化时能够及时做出调整,保持战略的适应性和灵活性。

2. 构建高效的组织架构与流程

组织架构是企业战略执行的基础,它决定了企业内部各部门和人员之间的职责、权力和关系。一个高效的组织架构能够确保企业战略执行的顺畅和高效。在构建组织架构时,企业需要根据战略目标和业务特点进行合理的部门设置和职责划分。同时,企业还需要建立清晰的权责关系和沟通机制,确保各部门之间的协作和配合。此外,企业还需要注重组织架构的灵活性和适应性,以便在市场环境发生变化时能够及时调整组织架构,保持组织的敏捷性和创新性。除了组织架构外流程是企业内部各项工作的规范和标准,它决定了企业战略执行的效率和质量。企业需要建立简洁、高效、灵活的流程体系,确保各项工作能够按照既定的标准和规范进行。同时,企业还需要定期对流程进行评估和优化,消除流程中的瓶颈和浪费,提高流程的效率和质量。

3. 强化战略执行的文化与激励

战略执行文化是企业内部员工对战略执行的态度、价值观和行为方式的总和。一个积极的战略执行文化能够激发员工的执行动力和创造力,推动企业战略的成功实施。为了营造积极的战略执行文化,企业需要从领导层做起,树立榜样和标杆。领导层需要积极参与战略执行过程,与员工共同承担责任和风险。同时,企业还需要通过培训、宣传等方式向员工传递战略执行的重要性和意义,增强员工的战略意识和执行能力。而激励是指通过物质或非物质手段激发员工的积极性和创造力,推动他们更好地完成战略任务。企业需要建立科学合理的激励机制,将员工的个人利益与企业的战略目标紧密结合起来。企业通过给予员工适当的奖励和晋升机会激发员工的执行动力和创造力,推动企业战略的成功实施。

(二)管理会计数字化在资源配置的应用

1. 实时数据驱动的决策优化

管理会计数字化转型使得企业能够实时获取和处理大量详尽的财务与非财务信息,从而在资源配置上实现更精准、高效的决策。借助云计算、大数据分析等技术,企业可以实时监控各项业务活动的成本效益,对资源消耗、运营效率、市场需求变化等关键指标进行深度洞察,进而快速调整资源配置策略,确保资金、人力、物料等各类资源得到最优利用。例如,在供应链管理中,通过集成 ERP 系统和物联网技术,企业能实时追踪原材料采购、生产制造、物流配送等环节的数据,精准预测需求波动并据此动态调配库存资源,有效避免过度库存或缺货的风险,降低存储成本和缺货损失,提升整体运营效能。

2. 智能化预算编制与控制

管理会计数字化变革了传统的预算编制方式,通过引入先进的预算管理软件,实现了从基于历史数据的静态预算向滚动预算、零基预算等更具前瞻性和灵活性的预算模式转变。同时,基于人工智能和机器学习算法,可以实现自动化的预算编制与执行监控,使预算过程更加科学化、精细化。这种智能化预算体系不仅能够依据实时业务数据动态调整预算计划,还能及时发现并预警潜在的资金缺口或资源浪费现象,帮助企业迅速采取应对措施,合理配置内部资源以满足战略目标的需求。而且,数字化管理会计还能够支持多维度、多层次的预算分解与整合,确保资源在组织内部各层级、各部门间得到公平、透明且高效的分配。

3. 绩效评价与激励机制创新

在数字化环境下,管理会计能够运用丰富的数据分析手段,构建更为全面、立体的业绩评价体系。通过对员工个人及团队的工作成果进行多维度量化评估,包括但不限于财务绩效、客户满意度、创新能力、协作效率等多个方面,企业管理层能够更准确地了解资源使用的效果,并据此优化人力资源和其他关键资源的配置策略。同时,数字化管理会计还可支持实施基于业绩数据的动态薪酬与激励机制。比如,通过智能合约、区块链等技术,将员工个人贡献与企业经营成果紧密挂钩,设计出既能反映短期业绩又能鼓励长期价值创造的奖励方案。这样既可激发员工积极性,提高资源利用效率,又有利于推动企业的可持续发展。

第三节 战略管理会计的新理念与方法

一、战略管理会计概述

(一)战略管理会计的内涵与特点

1. 战略管理会计的内涵

从定义上看,战略管理会计是指将会计信息与企业战略管理相结合,通过收集、整理、分析和报告与企业战略相关的信息,以支持企业战略制定、实施和评价的一种管理会计方法。它强调会计信息在企业战略管理中的重要作用,旨在为企业提供全面、深入、前瞻性的信息支持。从目标上看,战略管理会计的目标是与企业的战略目标保持一致,为企业创造长期价值。它关注企业的长期发展,强调在企业战略制定、实施和评价过程中提供有用的会计信息,帮助企业识别市场机遇、评估竞争风险、优化资源配置、提升绩效管理水平,最终实现企业的战略目标。从内容上看,战略管理会计涵盖了财务和非财务信息的整合与分析。它不仅关注企业的财务状况和经营成果,还关注企业的市场环境、竞争对手、客户需求等非财务信息。战略管理会计通过对这些信息的深入挖掘和分析,为企业提供全面的市场洞察和竞争情报,帮助企业做出科学、合理的战略决策。

2. 战略管理会计的特点

（1）全面性

战略管理会计突破了传统管理会计仅关注企业内部信息的局限,将视角拓展到企业外部,全面考虑市场环境、竞争对手、客户需求等因素对企业战略的影响。同时,战略管理会计还涵盖了企业的各个方面和层面,包括产品、服务、品牌、组织等,为企业提供全面的信息支持。

（2）长期性

战略管理会计强调企业的长期发展,关注企业战略目标的实现过程。战略管理会计不仅关注企业当前的财务状况和经营成果,还关注企业未来的发展趋势和潜在机遇。它通过对企业内外部环境的持续跟踪和分析,为企业提供前瞻性的信息支持,帮助企业把握市场机遇、规避潜在风险。

（3）长期性

战略管理会计注重企业外部环境的变化对企业战略的影响,强调企业与外部环境的互动和适应。战略管理会计通过收集和分析市场、竞争、技术等外部信息,帮助企业了解市场动态和竞争态势,为企业制定和调整战略提供有力支持。同时,战略管理会计还关注企业与供应商、分销商等合作伙伴之间的协同关系,推动整个价值链的协同发展。

（4）灵活性

战略管理会计不受传统管理会计固定程序和方法的限制,根据企业战略管理的需要灵活调整信息处理的方式和内容。战略管理会计可以根据企业的实际情况和战略目标定制个性化的信息报告和分析工具,为企业提供更加精准、有效的信息支持。而且,战略管理会计还注重创新和学习,不断吸收新的理念和方法,以适应不断变化的市场环境和企业需求。

（二）战略管理会计与传统管理会计的区别

1. 信息处理的视角与广度

传统管理会计主要关注企业内部的财务信息，如成本、收入、利润等，其目标是为企业内部管理者提供决策所需的信息。它侧重于对历史数据的收集、整理和分析，以评估企业过去的经营成果。然而，这种内向型的信息处理方式忽视了外部环境对企业的影响，使企业在面对市场变化时反应迟缓。相比之下，战略管理会计不仅关注企业内部信息，还积极拓展外部信息的搜集和分析。它从企业战略的高度出发，全面审视市场趋势、竞争对手、客户需求等因素，为企业战略制定提供全面的信息支持。战略管理会计强调信息的实时性、相关性和前瞻性，帮助企业及时捕捉市场机遇，应对潜在威胁。在信息处理广度上，战略管理会计也远超传统管理会计。传统管理会计主要关注财务领域的信息，而战略管理会计则涵盖了财务、市场、技术、竞争等多个领域的信息。这种跨领域的信息整合和分析能力使战略管理会计能够更好地支持企业战略决策的制定和实施。

2. 决策支持的层次与深度

传统管理会计在决策支持方面主要关注短期内的成本控制和利润最大化。它通过分析成本习性、制定成本预算等方式来帮助企业实现成本控制目标。然而，这种短期导向的决策支持方式忽视了企业长期发展的需求和战略目标的实现。与此不同，战略管理会计强调从长期和全局的角度为企业提供决策支持。它关注企业战略目标的实现过程，通过评估不同战略方案的可行性、风险和收益来为企业战略选择提供科学依据。战略管理会计还注重对企业内外部环境的变化进行持续跟踪和分析，以便及时调整战略决策，确保企业始终保持竞争优势。在决策支持的深度上，战略管理会计也更具优势。传统管理会计主要提供定量的财务信息支持，而战略管理会计则综合运用定量和定性分析方法，深入挖掘数据背后的规律和趋势。这种深入的决策支持方式有助于企业更准确地把握市场机遇和挑战，制定出更具针对性的战略方案。

3. 绩效评价的维度与标准

传统管理会计在绩效评价方面主要关注财务指标的实现情况，如销售收入、利润水平等。它通过对这些财务指标的衡量和分析来评估企业的经营成果和管理效率。然而，这种单一的财务绩效评价方式忽视了非财务指标对企业战略实现的重要贡献。相比之下，战略管理会计强调从多个维度对企业战略绩效进行全面评价。除了财务指标外，它还关注市场份额、客户满意度、创新能力等非财务指标的实现情况。战略管理会计通过构建综合性的绩效评价体系来全面反映企业的战略执行效果和整体竞争力。在评价标准上,战略管理会计也更加注重与战略目标的对齐。它根据企业的战略目标来设定相应的绩效评价指标和标准,确保评价过程能够真实反映企业的战略执行情况和成果。这种以战略目标为导向的评价方式有助于企业及时调整战略方案和实施计划,推动战略目标的实现。

(三)战略管理会计在现代企业中的角色与定位

1. 战略决策的支持者

战略管理会计的首要角色是作为企业战略决策的支持者。在现代企业中,战略决策的正确与否直接关系到企业的生死存亡。因此,战略管理会计需要通过收集、整理和分析企业内部和外部的各种信息,为企业的战略决策提供全面、准确、及时的数据支持。这些信息不仅包括财务数据,还包括市场、竞争、技术等多方面的非财务数据。战略管理会计通过对这些信息的深入挖掘和分析,帮助企业识别市场机遇和潜在威胁,评估不同战略方案的可行性、风险和收益,从而为企业制定出科学、合理的战略决策提供有力支持。而且,战略管理会计还需要密切关注企业战略执行过程中的实际情况,及时发现和解决问题,确保企业战略的有效实施。它通过对企业战略执行情况的持续跟踪和监控为企业提供实时的战略执行报告和业绩评价,帮助企业及时调整战略方案和实施计划,确保企业战略目标的实现。

2. 价值链的优化者

在现代企业中,价值链是企业创造价值的核心流程。战略管理会计通过对企业价值链的深入分析,帮助企业识别价值链中的关键环节和瓶颈环节,找出价值创造的源泉和潜在的提升空间。它通过对价值链上各个环节的成本、收入和利润等财务数据的详细核算和分析,为企业优化资源配置、改进生产流程、提升产品质量和服务水平提供有力支持。同时,战略管理会计还关注企业与供应商、分销商等合作伙伴之间的协同关系,通过构建紧密的供应链和分销网络,实现整个价值链的效率和竞争力的提升。它强调企业与合作伙伴之间的信息共享、风险共担和利益共享,推动整个价值链的协同发展,从而实现企业价值的最大化。

3. 绩效管理的推动者

在现代企业中,绩效管理是激发员工积极性、提升企业竞争力的重要手段。战略管理会计通过构建以战略目标为导向的绩效评价体系和激励机制,引导和激励企业各部门和员工为实现战略目标而共同努力。它强调将战略目标分解为具体的绩效指标和行动计划,明确各部门的责任和任务,确保企业战略的有效落地。而且,战略管理会计还关注绩效管理的过程控制和结果反馈。它通过对各部门和员工绩效的实时监控和评估,及时发现和解决问题,提供有针对性的改进建议和支持。战略管理会计还注重将绩效评价结果与激励机制相结合,通过合理的奖惩措施激发员工的积极性和创造力,推动企业战略目标的实现。

二、战略管理会计的新理念

(一)价值创造导向

1. 价值创造的内涵与外延

价值创造作为企业战略管理会计的核心理念,指的是企业通过其独特的资源、能力和战略活动,创造出超越成本的顾客价值,从而实现企业自身的增值和持续发展。这一理念强调,企业不仅要关注内部的成本控制和效率提升,更要关注外部市场的需求和竞争态势,通过不断创新和优化,为顾客提供更高质量的产品和服务,创造更多的顾客价值。价值创造的内涵十分丰富,它涵盖了企业的各个方面和层面。从产品层面来看,价值创造要求企业不断研发新产品、提升产品质量和功能,以满足顾客日益多样化的需求。从服务层面来看,价值创造要求企业提供更加便捷、高效和个性化的服务,提升顾客的满意度和忠诚度。从品牌层面来看,价值创造要求企业塑造独特的品牌形象和声誉,提升品牌知名度和美誉度,从而增加品牌溢价能力。而价值创造的外延也非常广泛,它涉及到企业的整个价值链和生态系统。在价值链上,价值创造要求企业不仅关注自身的价值活动,还要与供应商、分销商等合作伙伴紧密协作,共同提升整个价值链的效率和竞争力。在生态系统中,价值创造要求企业积极构建开放、包容的商业生态环境,与各类利益相关者共同创造和分享价值,实现共赢发展。

2. 价值创造在战略管理会计中的应用

在战略制定阶段,战略管理会计通过分析市场需求、竞争态势和顾客价值等因素,帮助企业确定具有竞争优势的战略目标和定位。它强调企业要从顾客需求出发,识别并创造顾客价值,以此为基础构建独特的战略优势。在战略执行阶段,战略管理会计通过制定和实施以价值创造为导向的业绩评价体系和激励机制,引导和激励企业各部门和员工为实现战略目标而共同努力。它关注企业内部的价值链管理,优化资源配置和流程设计,提升企业的运营效率和成本控制能力。同时,战略管理会计还关注企业与外部合作伙伴的协同创新和价值共创,以实现整个生态系统的价值最大化。在战略评价和调整阶段,战略管理会计通过对企业战略执行效果的全面评估和分析,帮助企业及时发现问题和不足,并提出相应的改进措施和建议。它强调企业要从长期和全局的角度评价战略价值创造的效果,不断调整和优化战略方案和实施计划,以确保企业战略目标的顺利实现和持续创造价值的能力提升。

(二)战略协同思想

1. 战略协同的意义

在当今快速变化且充满竞争的商业环境中,企业要想取得长期的竞争优势,单靠某一部门或某一方面的优势已经远远不够。战略协同作为一种跨部门、跨职能,甚至跨企业的合作方式,其意义在于整合各方资源,形成合力,共同应对市场挑战,实现共同的目标。战略协同能够提升企业的整体效能。通过协同,企业可以将分散在不同部门、不同职能中的资源进行整合和优化配置,避免资源的浪费和重复投入。这种整合不仅限于内部资源,还包括与外部合作伙伴的资源共享和优势互补。通过协同,企业可以更加高效地利用有限的资源,实现更大的价值创造。战略协同有助于增强企业的市场竞争力。面对激烈的市场竞争,企业单凭自身的力量往往难以应对。通过与其他企业或机构的协同合作,企业可以借用外部力量,增强自身的市场地位和影响力。这种协同可以是与产业链上下游企业的合作,也可以是与同行业企业或跨行业企业的联盟。通过协同合作,企业可以更好地把握市场机遇,应对市场风险。而创新是企业持续发展的动力源泉,但创新往往需要跨部门、跨职能的合作才能实现。通过战略协同,企业可以打破部门壁垒和职能隔阂,促进不同部门和职能之间的交流和合作。这种交流和合作有助于激发员工的创新意识和创造力,推动企业在产品、服务、管理等方面的创新。

2. 实现战略协同的会计手段与方法

(1)全面预算管理

通过编制涵盖所有业务单元的全面预算,将战略目标转化为具体可操作的预算指标,确保各部门预算与企业战略相吻合,并通过对预算执行情况的监控与分析,调整资源配置,推动战略协同落地。

(2)价值链分析与优化

深入剖析企业内部及外部价值链,识别价值创造的关键环节,指导企业进行有效的资源整合与协同,如改善上下游关系、加强内部协作,实现价值链的整体优化和增值。

(3)业绩评价与激励机制设计

建立基于战略协同理念的业绩评价体系,根据部门和员工对战略协同的实际贡献度进行公正客观的考核,并结合评价结果设计相应的激励机制,引导全体员工积极参与到战略协同的推进工作中。

(4)信息共享

信息共享是实现战略协同的基础。通过构建高效的信息共享平台,企业可以促进不同部门和职能之间的信息交流和沟通。这种信息共享有助于消除信息孤岛和沟通障碍,提高决策效率和协同效果。同时,信息共享还可以促进企业与外部合作伙伴之间的信息交流和合作,推动整个价值链的协同发展。

(三)可持续发展观念

1. 可持续发展与企业战略的关系

在当今全球经济深度融合与环境挑战日益凸显的时代背景下,可持续发展已不再仅仅是一种社会理念,而是企业发展战略的重要组成部分。企业的可持续发展战略是其在追求经济效益的同时,充分考虑环境保护与社会责任的战略布局。这种战略的核心在于通过创新经营理念和模式,实现经济、社会、环境三重底线的均衡发展。企业在制定长期发展规划时,必须将可持续发展的理念融入其中,以确保企业的经营活动能够在满足当前市场需求、创造利润的同时,减少对资源的过度消耗和对环境的破坏,促进社会公平和谐,并为未来的发展预留空间。比如,企业可以通过研发绿色产品、优化生产流程、实施节能减排措施等方式,推动自身的转型升级,从而在激烈的市场竞争中占据道德高地,赢得消费者的信赖和社会的认可,最终实现经济效益与社会效益的双重提升。

2. 战略管理会计在推动企业可持续发展中的作用

战略管理会计作为一种综合运用财务与非财务信息,为企业战略决策提供支持的管理工具,在推动企业可持续发展中发挥着至关重要的作用。首先,战略管理会计通过对内深度挖掘企业的运营数据,对外密切关注市场动态及政策法规变化,帮助企业全面衡量和评估其在经济、环境和社会各方面的绩效表现,形成反映企业真实价值的多维度业绩评价体系,促使企业管理层关注并改善那些可能影响可持续发展的关键环节。而且,战略管理会计能够协助企业进行前瞻性的战略成本管理,通过引入生命周期成本分析、环境成本核算等方法,量化企业在整个价值链上的资源消耗和环境影响,从而引导企业优化资源配置,降低不必要的成本支出,提高资源利用效率,助力其实现绿色转型和低碳发展。并且,战略管理会计还能够为企业设定并追踪可持续发展目标提供有力支持。它能结合内外部环境因素,科学规划企业长远发展路径,明确短中长期的可持续发展目标,并通过定期报告和反馈机制监督执行情况,调整策略方向,确保企业沿着既定的可持续发展轨道稳步前行。

三、战略管理会计的新方法

(一)环境绩效与可持续成本管理

战略管理会计在应对可持续发展挑战中,引入了环境绩效评价和可持续成本管理的新方法。环境绩效评价是通过构建包括资源利用率、能源消耗、废物排放等在内的综合指标体系,量化企业在环境保护方面的表现,并将其纳入企业的整体业绩评估之中。这种方法有助于企业深入理解其运营活动对环境的真实影响,为改进生产流程、实施绿色技术改造提供依据。可持续成本管理则是在传统成本计算基础上的创新延伸,它将环境成本作为一项重要的内部成本进行核算和控制。例如,企业可以通过生命周期成本分析(LCCA)来估算产品或服务从原材料获取,到最终处置,整个过程中的所有直接和间接环境成本,如资源开采成本、环境污染修复成本、碳排放成本等。这样不仅使企业管理层能全面了解产品的全周期成本结构,从而优化设计、选择环保材料,还能引导企业在决策时充分考虑经济效益与环境效益之间的平衡,推动企业向绿色低碳模式转型。

(二)社会责任投资与价值创造计量

战略管理会计还创新性地应用社会责任投资(SRI)理念,将企业的非财务性投入——如对社区发展、员工福利、公益慈善等方面的投入视为潜在的价值创造源泉。通过对这些社会责任项目的经济效益和社会效益进行量化衡量,战略管理会计可以帮助企业发现并挖掘社会责任投资对于提升品牌形象、增强市场竞争力、保障长期稳定发展等方面的重要价值。而且,战略管理会计也尝试采用共享价值理论框架下的新计量方法,例如社会回报率(SROI)等工具,来全面反映企业通过社会责任投资所创造的社会和经济效益。这种新的计量方式不仅能促使企业在制定战略时更加关注社会价值的创造,还有助于提高企业的透明度,满足利益相关者对企业社会责任履行情况的关注需求。

（三）前瞻性绩效管理与动态战略规划

随着商业环境的快速变化和技术革新的日新月异,战略管理会计也在不断探索和发展适应未来挑战的前瞻性绩效管理方法。例如,利用情景分析、风险模拟等手段,预测不同经济、政策及行业发展趋势下企业可能面临的机遇与挑战,帮助企业提前布局,制定灵活而具有前瞻性的战略规划。而且,战略管理会计引入了平衡计分卡(BSC)等工具,将企业的战略目标从传统的财务维度扩展至客户满意度、内部流程效率、学习与成长等多个层面,实现短期业绩与长期发展潜力之间的平衡。这种多维度、多层次的绩效管理系统不仅能够引导企业持续优化资源配置,而且能够确保企业在追求经济利润的同时,不忘生态环境保护、社会责任承担等可持续发展的关键要素,从而在复杂多变的竞争环境中保持持续竞争优势,实现真正的可持续发展。

参 考 文 献

[1]程淮中.管理会计正当时:会计专业转型发展的奋进之笔[M].北京:中国人民大学出版社,2020.

[2]周鹏,陈罡,徐鑫.论国有企业财务会计向管理会计转型的探索[M].上海:立信会计出版社,2020.

[3]吴钦花.对企业财务会计与管理会计结合的探讨[J].财讯,2019(26):44.

[4]邱德君,裴雪,李奇伟.现代企业财务会计与管理会计的融合发展[M].北京:九州出版社,2023.

[5]刘勤.管理会计信息化发展的理论与实务[M].上海:立信会计出版社,2019.

[6]杨启浩,张菊,李彩静.现代企业财务管理与管理会计的融合发展[M].长春:吉林科学技术出版社,2021.

[7]程玲,陈芳,刘晔.基于大数据时代管理会计的发展研究[M].北京:中译出版社,2022.

[8]李婉丽,雷永欣,闫莉.企业管理会计与财务管理现代化发展[M].北京:中国商务出版社,2022.

[9]佚名.管理会计基础 大中专文科经管[M].北京:清华大学出版社,2022.

[10]张庆龙.下一代财务:数字化与智能化[M].北京:中国财政经济出版社,2020.

[11]夏培勇,徐迅,殷佳,等.管理会计和业财融合视角下护士人力成本核算问题分析[J/OL].中国卫生经济,1-4[2024-02-17].

[12]俞毓昕.管理会计工具在企业经营管理中的运用以A制造企业为例[J].上海企业,2024(2):111-113.

[13]张悦.财务会计与管理会计融合发展思考[J].合作经济与科技,2024(7):142-143.

[14]黄婧.管理会计在企业内部控制中的应用[J].中国集体经济,2024(4):61-64.

1[5]陈奕冰.迎数字化时代变局[N].中国会计报,2024-01-26(009).

[16]张修权.以智能管理会计打造企业价值创造新引擎[N].中国会计报,

2024-01-26(010).

[17] 董昌秀.智能管理会计赋能企业价值创造研究[J].商场现代化,2024
(3):162-164.

[18]方玮.管理会计在房地产企业中的应用研究[J].环渤海经济瞭望,2024
(1):85-87.

[19]李航.管理会计视角下国有企业业财融合难点及策略分析[J].中国农业
会计,2024,34(2):30-32.

[20]李思.管理创新视域下的国有企业管理会计实践[J].现代企业,2024
(1):15-17.

[21]薛晨.数字化经济背景下企业财务会计向管理会计转型策略[J].今日财
富,2024(2):134-136.

[22]丁然.大数据时代财务会计向管理会计数字化转型的策略分析[J].现代
商业,2024(1):169-172.

[23]张清颖.数字经济时代背景下企业财务管理转型研究[J].中国集体经
济,2024(1):133-136.

[24]刘爱萍.数字化背景下企业管理会计发展实践研究[J]财会学习,2024
(1):95-97.

[25]吴佳.数字化时代财务会计向管理会计转型研究[J]今日财富,2024(1):
131-133.

[26]游家俊.基于数字化转型的事业单位管理会计与财务会计融合策略[J].
市场周刊,2024,37(1):109-112.

[27]马学军.数字化转型背景下企业管理会计工具应用探究[J].中小企业管
理与科技,2023(23):130-132.

[28] 刘鸽.基于数字化转型的高校财务管理目标转变与实现路径[J].财会学
习,2023(31):1-4.

[29] 毛洁.数字化转型背景下企业管理会计工具应用分析[J]财会学习,2023
(30):1-3.

[30] 王慧颖.大数据时代财务会计向管理会计数字化转型的路径研究[J].财
会学习,2023(30):94-96.